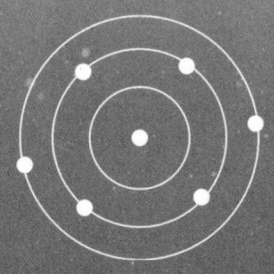

多維人生

Multidimensional life

從單一身分證擴充到多元身分陣

李欣頻——著

目錄 CONTENTS

第三篇　切換人生劇本的十二個方法／破解法

第四篇　多維人生創造課 · 成果結業式

多維藍圖電子版手帳

自序

獲得二〇二五年奧斯卡金像獎、金球獎、歐洲電影等之最佳動畫片獎《喵的奇幻漂流》（*Flow*），講述一隻貓、一隻狗、一隻水豚、一隻環尾狐猴、一隻蛇鷲，在全球水位上升的末日求生的故事。這部電影讓我們看到：能飛的動物比能海陸兩棲的動物更能生存，兩棲動物比只能在陸地或海洋生存的動物更容易求生——現在我們正處於環境每日多變的局勢，當我們會的越多，我們的生存力就越強，當AI越來越像人，人必須協同AI進化到：無所不在、無所不能的「神人」，這就是這本《多維人生》的起源。

我是一個有多元身分的人：廣告創意文案、博士、帶團者、作家＋講師（主題有：廣告文案、創意教育、心靈成長、主題式旅行、人類木馬程式、天賦天命、未來趨勢……），我的個性也很多重：自閉時很安靜地修行與寫作（作家）、講到自己有興趣的話題時卻又滔滔不絕（講師、帶團者），我本來以為自己不太正常，是不是得了精神分裂症，但我對自己的每一個人格都清楚而且運轉自如，後來看到巴夏說這叫做「協同性人格」，我就放心了，開始把自己這些分身整合成一個跨界體系「多維人生」，於是就有了這本《多維人生》的誕生。我一向不喜歡做選擇題，每到點菜或是點甜湯要選三種配料時，就會想要每樣都來一點點，我家旁邊的豆花店老闆娘都叫我「一點點小姐」。在平時生活我也不大會做選擇，在A或B之間我一定會想辦法走「A+B」的路線，就像我在「廣告」與「文學」之間走出了文青式的誠品書店文案風格，在「廣告」與「心理」之間建構了「人類木馬程式體系」，在旅行與修行之間我設計並親帶「地球能量點之旅：埃及、印度、墨西哥馬雅文明、南美印加文明、南極……」，在教育引導、身心修行、冥想音樂之間創造了「動態調頻音樂舞會」的形式，在廣告文案、古文明曆法、記事本之間開發出十多本創意手帳，在廣告文案與食譜之間創造出「食譜體的新詩」《食物戀》……我就像「米其林分子料理」型態的人生主廚，我愛玩形式解構、內容跨界、文化混血，我自許是地球超能玩家。

與其說《多維人生》是一個學校，但在我心中它其實是一個大型劇場式遊樂園，我邀你們以各種角色扮演來一起好好玩人生，這樣生活才不會太單調無聊。

期許正準備開卷閱讀本書的你，都能以自己好奇又愛玩的頻率做為入場門票，以天馬行空的想像力自由穿梭在多重宇宙、各平行版本之中，每天愉快地創造、顯化出精采豐盛版的自己，活出「無所不在、無所不能、自由自在」的狀態，並好好享受每一天都不一樣的驚喜！

李欣頻寫於杜拜轉機中，二〇二五年一月十八日

第一篇

多維人生的概念

「科學／理性」vs.「心靈／靈性」vs.「漫威／娛樂」三重角度來談：

近幾年來關於維度、量子物理學的概念越來越普及，本來這些原屬於科學領域的專有名詞，開始應用到心靈領域上：《我們懂個 X》（*What the Bleep Do We Know*）、《秘密：吸引力法則》（*The Secret*）、《三摩地》（*Samadhi Films*）系列影片，以及相關的書籍，如李嗣涔的《難以置信 II 尋訪諸神的網站》、《是特異功能？還是潛能？》、《科學氣功》、《靈界的科學》等，如雨後春筍般地出現在我們眼前，此時此刻正是「科學／理性」與「心靈／靈性」的重大交會點，雖然兩邊的爭辯仍未止息，但已經有許多人願意介於這兩種不同的世界觀之間開始傾聽、溝通、交流。

作家劉豐所說：「你看待世界的維度不同，你的認知度和自由度也就不同；生命的自由來自於意識能量、意識維度的提升，例如：一維是一條線，二維是一個面，二維比一維多出了無窮多倍的可能性；三維又比二維多出了更多倍的可能性，所以人生每多一維，就會多出無窮多倍的可能性。」也就是說，我們人生會因為維度提升，視野會跟著擴大、資源版圖就更廣闊豐盛。簡言之：現在最重要的事，就是創造出多元、多維的人生，而非死背、死記知識、做技術性的工作（這部分 AI 做得比我們好），卻沒有想像力、願景力、創造力、行動力、顯化力。

無獨有偶的是，近幾年關於「平行世界、多重宇宙」主題也開始進入好萊塢電影裡。自從影集《洛基》（*Loki*）、電影《蜘蛛人：無家日》（*Spider-Man： No Way Home*）、《星際效應》、《復仇者聯盟 4》，為「各平行世界之多版本自己」做了演繹後，一路到電影《媽的多重宇宙》（*Everything Everywhere All at Once*），「多重宇宙」（Multiverse）這個詞從物理學走進了科幻小說、科幻電影、漫威影集之中，特別是《媽的多重宇宙》還得到當年奧斯卡最佳影片等大獎，也代表「多重宇宙」的概念開始成為大家熟悉的流行顯學。

我們可以從「科學／理性」、「心靈／靈性」，再加上「漫威／娛樂」三方面的觀點，來延展關於「多重宇宙」、「平行世界」身分的演化法、想像力，以及關於人生各種可能版本的發散式思考與自由聯想，藉此來擴展人生視野與藍圖。

什麼是多維？

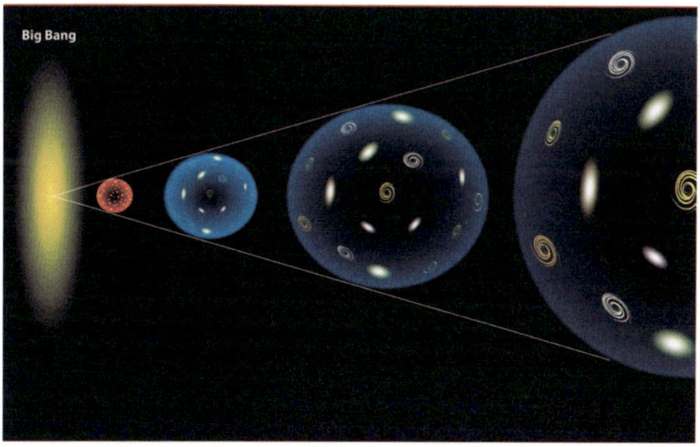

我們可以借用「https：//kknews.cc/fo/l2z9ebb.html」解釋多維度的概念來做初步的理解，進而平移並用來提升我們看待人生的視角：

零維：一個點，沒有大小、沒有時間空間，是一個被想像出來做為標誌位置的點。我們可以想像一個「宇宙大爆炸」的點，雖然還沒有時間空間，但卻蘊含無限可能。

一維：在原有的點旁邊再畫一個點，兩點之間連一條線，一維空間就誕生了，它只有長度，沒有寬度與深度。我們可以想像成這個點開始有了方向性。

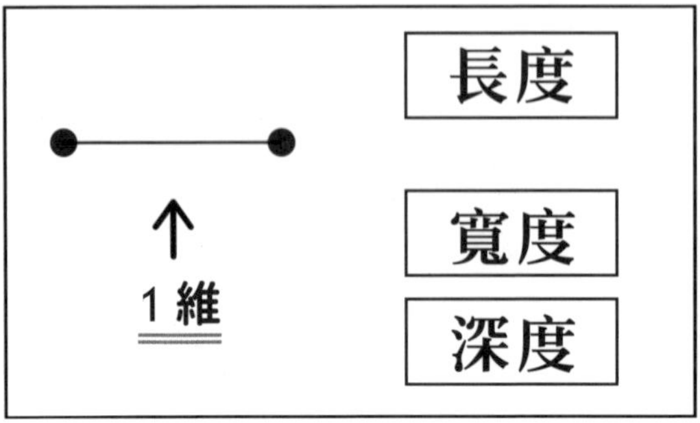

二維：在原有的線上再畫一條線穿過它，這樣就形成了二維空間，它有長、寬，但沒有深度，例如在紙上畫一個方形、圓形，或是撲克牌裡的人像、紙片人、火柴人就是二維空間。

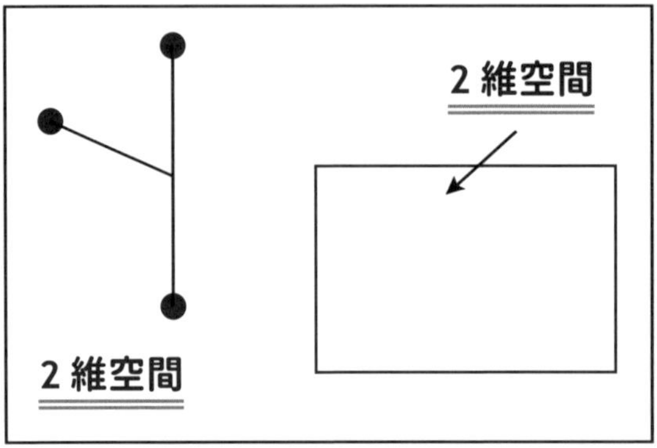

三維：有長、寬、高，是立體空間，例如：立方體、球體，相較於走平面的二維生物：螞蟻，人是三維生物。當螞蟻走在捲紙縫（二維捲曲就形成三維）的邊界，就能瞬間從A到B，這就是蟲洞的概念。這也是我常用的概念：「現在的我」與「未來理想版本的我」之間，不必經過漫漫長路，就只要一個跨維度的跳躍即可達。

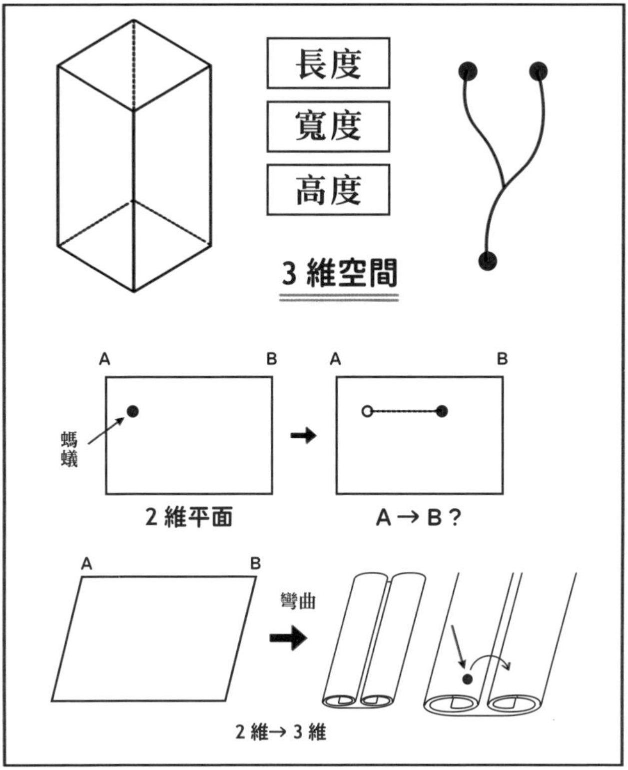

四維：比三維多一維：時間。就像是「我」與「3 分鐘前的我」，這三分鐘就是時間的線，於是四維就出現了。二維生物只能看到三維的截面，三維人類也只能看到四維的截面，所以看不到過去與未來，只有現在。此外，我們看不到四維的鬼魂，但他們看得到三維的我們。

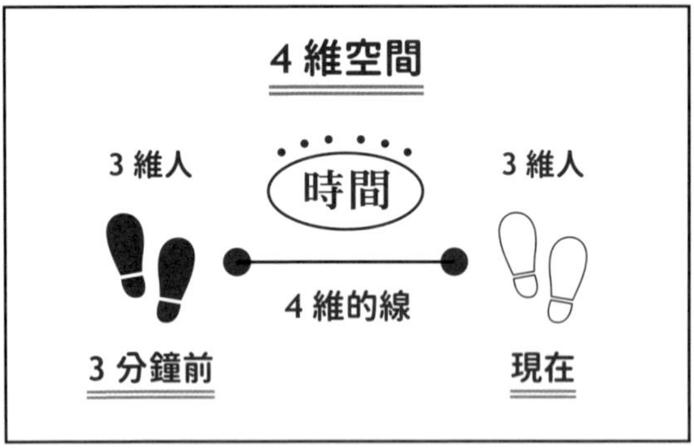

五維：比四維原有的時間線再多一條時間線，就形成了五維。例如：我從出生到高中畢業後去念商學院後來成為企業家，或是：我高中畢業後去念理工科後來成為工程師，在五維狀態下能看到我在不同選擇下所形成的兩種未來。

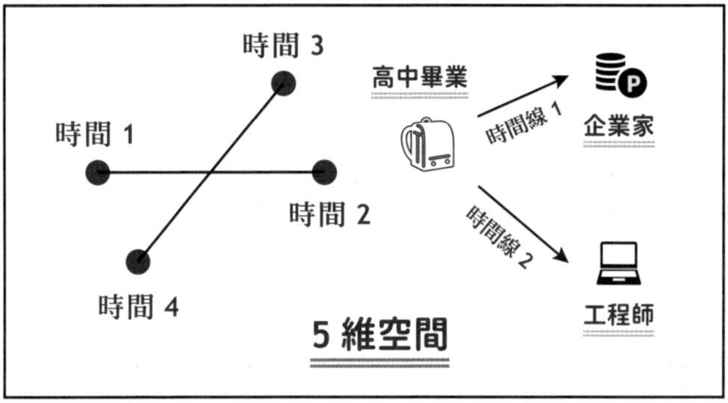

六維：比五維再多出一維的時間線，例如：如果當工程師的我後悔念理工科，於是穿越到當初的高中時期，重新選擇改念商學院，於是比五維多出了新的選擇、新的時間線、新的未來身分，六維比五維更快且直接到達新的結果。

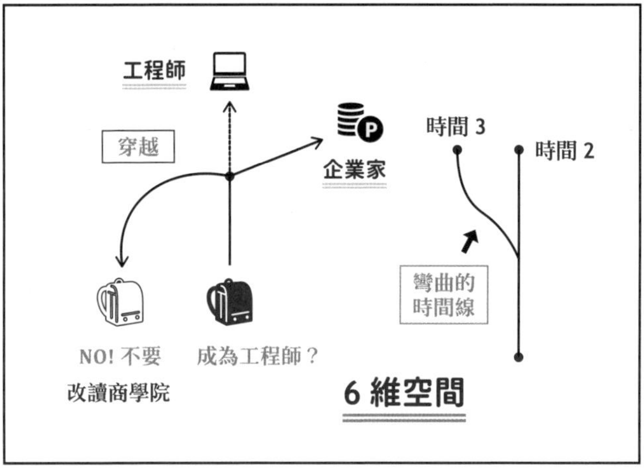

七維：比六維多出更多能選擇的可能性，例如「高中的我」內含有去念「商學院」、「理工科」、「文學院」、「醫學院」、「法學院」……無限可能的抉擇點，如果倒推到「國中畢業時的我」內含選擇不同高中的無限抉擇點，這兩個無限可能的抉擇點連成一條線，就是七維。

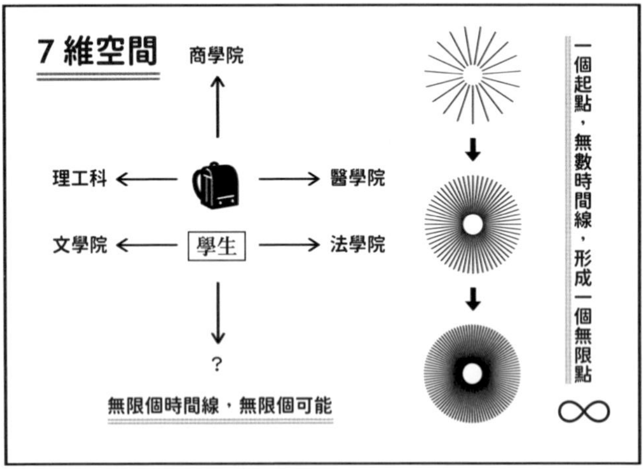

八維：我們再找兩個新的無限抉擇點：一個是「大學時的我」選擇要不要念研究所、念哪一個主題的研究所，或是直接去工作、選哪一份工作……另一個抉擇點就是「大學畢業前」要選哪一位男生談戀愛，把七維「國中畢業時的我」與「高中的我」的這一條線，和「大學時的我」與「大學畢業前選男友」的這一條線相交，這就是八維。

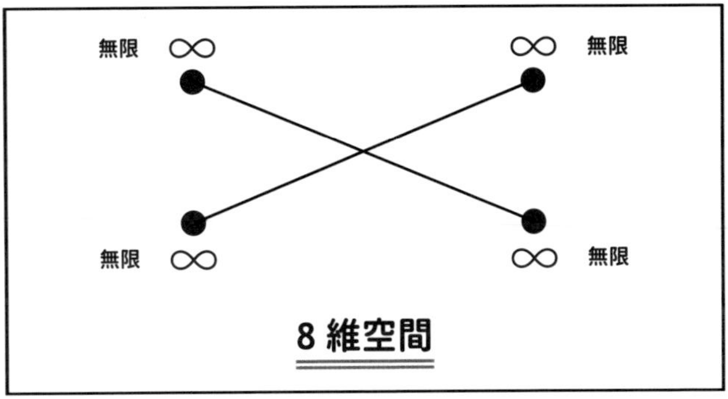

九維：我們把八維捲曲，就得到了九維。

十維：我們找出升維的規律→零到三維經歷：點、線、面、體，三維的體再遠觀看成一個點（四維），四維到七維又經歷：點、線、面、體；七維再遠觀成一個點，到十維前又經歷：點、線、面、體，每升一維就比前一維多了更多連線的可能性，十維是一個包含所有可能性、所有的時間線……的一個「點」。

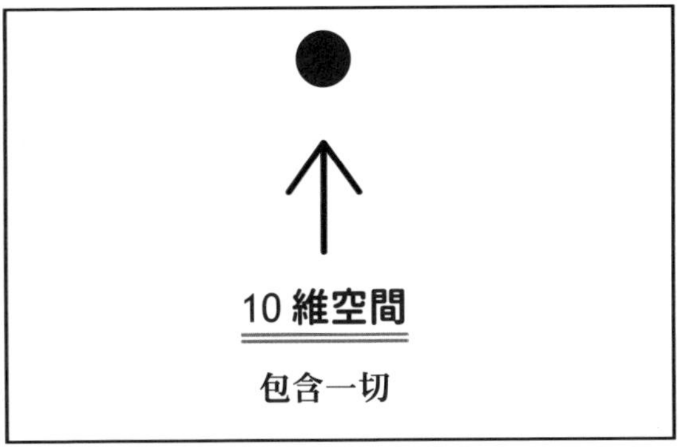

十一維：以九〇年代提出的 M 理論（多種超弦理論綜合）做為基礎的，此理論認為，宇宙是十一維的，由震動的平面構成的。

正如尼采在《尼采遺稿》所說：「這個世界沒有真相，只有視角」——關於維度的討論，雖然目前還有不同理論派系之別，但做為我們用來想像並拓展自己對人生的視角，也算是一個好用的工具。

多維度思維在現實生活的運用：

因為這本書的讀者們每位狀況都不同，有的人可能還在念書、有的人可能才剛出社會正在找工作、有的人可能才工作不到幾年，有的人可能正失業或是準備轉業，或是有人已經退休正在尋找退休後的事來做，所以我會盡可能顧及到每一種狀況。

但我想說的是，無論在哪一個人生的生命階段，只要你設的天命夠高夠廣，那就是一輩子的志業了。無論在念書或是在找工作，都要往自己的天命的方向靠近；如果目前已在工作，但不是你喜歡的事、你也感覺到這不是你的天命，這份工作有可能是你或身邊的人覺得比較有錢景的，我建議除非這工作已嚴重影響到你的身心狀況，否則你先不用急著辭職，你可以先思考兩個部分：

（1）你目前的這份工作，硬是從中找到與你天命相關的連結點，那會是什麼？

我之前在做天命天賦個案時，有一位學生說他目前正在從事法律相關的工作，但他有興趣的是心理學、心理諮商，問我是否該辭職去找心理相關的工作？我先問他，目前經濟狀況如何？是否需要工作才能維持生計？他說是的，我便跟他說：「請先別辭職，拿出你的記事本（當時還沒有〈多維藍圖手帳〉，如果有的話，我會請他寫在其中一個平行身分頁裡），請每天記錄並研究你的法律個案可能有怎樣的心理問題，同時你可以線上或下班後進修心理學相關課程，等你將來拿到相關證照或資格後，就可以透過法律諮商結合心理諮商的服務，讓你在業界有很難被取代的獨特定位，你還可以跟老闆談業內創業，或是另設分部門，或是自己出來創業但與原東家合作聯盟的方式都行，之後你還可以因為結合法律與心理諮商所建構出來的獨特體系寫成你的代表作、後續還可以延伸成課程。」只要他的專業能讓許多人徹底解決生活上法律、身心或人際的問題，收入只會更好而不會比原來差。

我引用《AI 新天賦》書中一個大家都很熟悉的電影《穿著 Prada 的惡魔》為例：想當作家的女主角，在一家忙到很恐怖的雜誌社工作，如果她馬上辭職去寫作，或許就沒有職場上鮮活且引起共鳴的題材可以寫成小說——當下的工作看似與她當作家的夢想相違背，但只要她把眼前的事，視為與自己想完成的天命之間有百分之百相關，與自己想做的天命有專屬通道，就能以這個既獨特又有創意的思維蟲洞，量子跳躍到自己的天命奇異點。

我自己也誤打誤撞地以這途徑通往自己的寫作天命：大學念廣告系，本來很想轉念文學，但我把廣告＋文學＝廣告文案，以寫詩的創作心態來寫每一則廣告文案，於是寫出了自己的文青風格，也順勢累積成了自己的第一本書《誠品副作用》，這就是「條條道路通天命」的道理。

當我已經是廣告文案，身為廣告文案必須要有「從一堆資訊點中抓出核心廣告標題」的能力，於是我用這能力來看人們一直在重複生命考題的迴圈，我一眼就能找到核心關卡，所以我才建構並寫出《人類木馬程式》、《原生家庭木馬快篩》

兩本書，很多人以為這就是跨界或斜槓，其實不是，是老早就埋藏在我的天命藍圖之中，只是現在把燈光打到這個範圍顯化它而已。

也就是說，我們可以在不更動原來生活與工作的情況下，再架接一個新的維度，就像在平面道路上方再建一條高速道路——這也是我常說的：天命不太占用你原本的時間空間，可以與你原來的生活同步進行。

（2）為何我建議剛才那位學生不必急著辭職？

他還需先思考的另一個部分是，當初為何覺得：做自己喜歡的事會無法謀生、必須要先做自己不喜歡的事才能謀生？原生家庭是否有給過這樣的印記？如果是，那麼就要先清除這個負向的木馬程式，否則未來自己在做喜歡的天命之事時，就會被烙上「不會賺錢、無法謀生」的限制性印記。

多維度思維在現實生活能運用的範圍非常廣，只要你能把自己開展出多元多維版就行了。

第一章：爲何要建立多元多維版的自己

以「平行世界、多重宇宙」為參考架構，我設計出了「十四堂多維人生創造課」將我過去三十年所有發展過的人生創意體系，瞬間「量子跳躍」般地開啟全觀全息、多重多元的視野版本，提煉出延展性更無限、但卻更簡單易行的方法。當我們無限擴充，各種資源就會自動流進自體創造的場域——用一段話來形容，就是：「創建出一顆宇宙級的蛋，在宇宙的子宮中把更無限可能的自己誕生出來，放在宇宙育嬰室中繼續孵化。」

我在《AI 新天賦》書中提到：無論我們現在從事哪一個

專業行業，當下每一項 AI 科技發展初期，都要思考 AI 將來會不會取代我們目前的工作？每一個人幾乎都要重新校準 AI 時代的新天賦藍圖，因為還有很多因應 AI 科技的新行業還沒誕生，我們需要預先看到全面科技化的生活樣貌，我們才能知道自己未來能做什麼，現在來得及提前做好轉型的準備。

當 AI 越來越像人、甚至超越全人類智力總和，人只能協同 AI 科技往「超能力：無所不在、無所不能的神性」方向演化，第一步就是：串流平行版本的自己（由內到外），如果要用一個具體的視覺來表達這個概念，就像是眼前有多條電動手扶梯，起點都在同一條水平線上，但每一條都通往完全不同的方向；或是以火車軌道來比喻：你在哪一個月臺上了哪一列火車，就等於進到了哪一條軌道路徑，之後若想要再換，就得花更大的動能或更多的時間，還不一定能換得成。所以一開始的選擇（第一念）就非常重要，即所謂：失之毫釐、差之千里。

我們「神性化」的第二步：建立量子天命版的自己（由上到下）——我在《AI 新天賦》書中所提到的「天命一條、勝過斜槓一堆」，透過「協尋新天賦的十二大模型」來完成「天命 → 天職 → 多元天賦 → 天能 → 量子天命的多維度．雙錐．

雙向金字塔投影動能模型」：

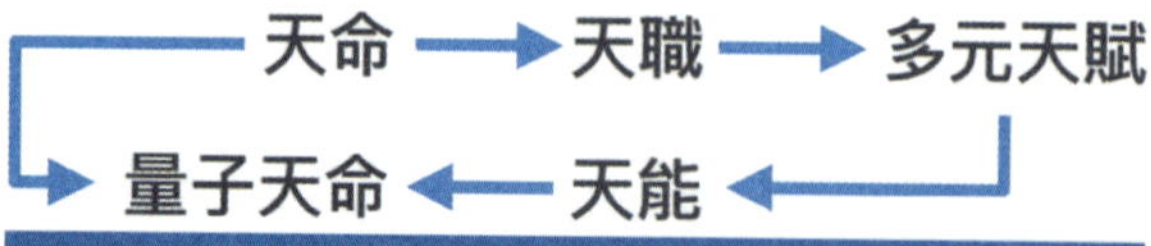

多維度・雙錐・雙向金字塔投影動能模型

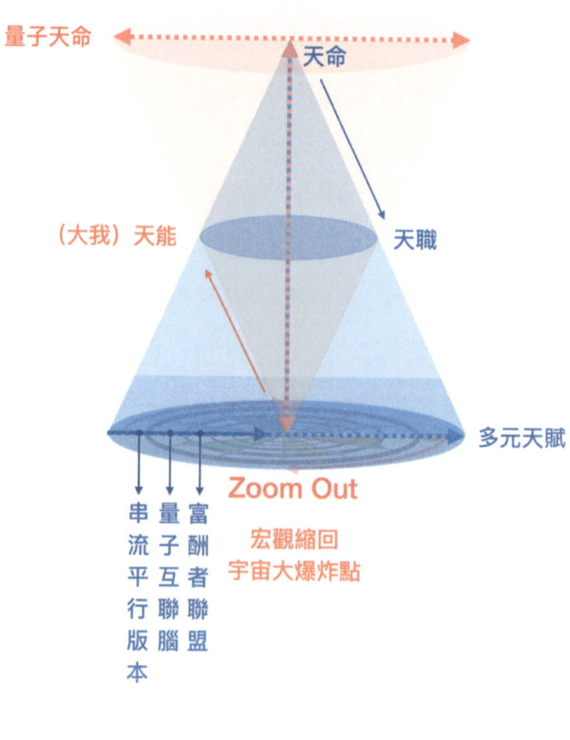

當我們建立出：量子天命版的自己，由此所投射出來的神性藍圖就能為我們自動導航，而且這張藍圖不是平面的，而是多維度、多種版本的多重路徑，每一次調整頻率就升降進不同的維度，每一維度都有多版本的路徑，我們每分每秒的意識頻率，都是人生劇本走向的方向盤，即是：一念天堂，一念地獄；只有純正的初念初衷，加上每一次的思、言、行均校準「量子天命版」的最高頻率，就能讓自己在神性層面上開始「心誠事享：一切毫不費力，順風順流順水，自然會達到並完成神性版的全域境界」。

剛才提到：我們**由內到外**「神性化」自己的第一步是串流平行版本的自己，第二步是**由上到下**建立量子天命版的自己，這比斜槓、通才的層次更究竟且全面，所以瞬間同時建立、顯化出「多元多維版的自己」變得更容易。但我們真的能看到、感知到人生有那麼多層次的選擇嗎？或許我們手上的生命遙控器，是一個從「誕生在原生家庭起就內建好」的頻道，但當我們願意跳出這個單一視框後，我們就能瞬間開展出多元、多層、多維的生命版本，於是我們就從做自己的**轉命師**，進階成為自己的**造命師**，再升級到做為自己與大家共創的**生命超級玩家**，這就是一連串自然蛻變且不會退轉的進程。

每升一維度就多出更多無限的可能性，如果我們能夠從此時此刻往回看到：我們人生每一個選擇與未選擇的路徑分別會走到哪一種結果，我們的腦就能升維成量子腦，有助於我們更清楚當下如何做選擇（菩薩畏因、眾生畏果），以及那些未選擇但遺憾的部分，如何再拉回來與生命版圖一起顯化。我在杜拜能源城看到整個城市的未來模型，正前方操作盤上以手按哪一區，那一區建築的燈與車流、人流就開始動起來——如果我們建立了**多元多維版的自己**，我們就能俯看自己整個生命藍圖的全模型，此時此刻我們想專注在哪一個身分，就把那一區的燈點亮；無論哪幾區正在亮、哪幾區還沒亮，我們腦中永遠都有一整座全生命版圖的模型，這也是我們開始創玩人生的動態版圖。

第二章：建立多元多維版本自己的好處

松久正醫師《松果體的奇蹟》：「每個人都有自己專屬的泡泡，這世界還存在著過去、未來、平行人生等無限泡泡宇宙，即『多次元平行宇宙』。」我們為何要在這個 AI 科技高速發展的此時此刻，建立多元多維版本的自己？我在這初步整理出六大好處：

第一個好處：多身分應變

自疫情後的變局時代，許多產業的遊戲規則說變就變，對於已經有多元天賦的人而言，多層次多時間軸可彈性協助其他版本的自己。多重角色面對不同的變局只需釋放夢想世界中的自己、切換身分就行，但對只有一種專長專業的人而言，面對變局往往來不及應變與轉型——把多層視野版本的自己準備好，就像是有不同分身同時在迷宮走不同的路徑，總有一個會找到出口。

第二個好處：擴充原創力

AI 科技即將逐漸取代各行各業的工作 / 技術 / 勞力時，人與 AI 科技最大的差別在於原創且獨特的創意觀點，AI 科技只能就現有的資訊去演算、衍生出答案或作品。所以建立多元多維版的自己，有助於擴充原創力的視角與版圖，擴大自己未被發掘的潛能。

第三個好處：以新取代舊

為什麼很多人在查到自己的負向木馬之後，沒多久又掉回舊模組？那是因為還沒建立新的連結——不想走舊橋，但沒有新橋，自然就走回舊橋。如果我帶你走一趟新橋，去看看新橋那一端是怎樣美好，你自然就不會再走回頭路。

很多人之所以沒法建立多元多維版的自己（新橋），是因為舊的軌道走習慣了，而且身邊沒有典範可供參考。在開展多元多維人生之前，必先清除來自原生家庭木馬程式的負向印記，然後有洩有補，恢復成清明無染的原廠設定後為人生除障布新，並以天命頻率設定新版人生導航系統（GPS）。當我們以新代舊擴建豐盛多元、全息天命的新藍圖，人生變好玩了，自然就不想、也不會讓我們一直掉回原本單調重複、一直鬼打牆停滯不前的木馬迴圈，**以新版圖取代舊路徑**，才能無礙無亂，輕鬆且毫不費力地綻開出多元豐盛的人生。

第四個好處：從核心同時開展

在這張早已神聖且完整的生命藍圖下，投射出來的就會是豐富且多維、多層、多元的人生版圖。你可以先簡單想像：當我們把生命比喻成一朵花綻放時，是所有的花瓣「同時」展開，而非一個花瓣、一個花瓣地張開，當我們生成核心的花蕊（天命）之後，可以「同時」把其他身分演化出來；這些身分可以彼此互相協同，相互滋養，構成全息天命藍圖版的你。

如果想像每一片花瓣都是一個平行世界的平行身分，都緊扣在核心花蕊四周，就像是核心天命的超強智囊團，也像是私人的忠誠幕僚，那麼這就會是以**身分陣**取代**單一身分證**的協同聯盟，而非四分五裂的狀態。

第五個好處：有內在動能與突變點的人生宇航圖

當這個源於神聖天命版的你、演化出榮耀版的你時、專屬於你的「多元多維版的人生」藍圖架構就自動生成，這就是一套「多維人生潛能啟動的創造系統」，它不會是框限，而是在每個當下都能提煉出有著「類宇宙大爆炸」的創世動能原點（當下的力量），每一個當下你都可以啟動：大自由無礙地創造、演化、隨時剪輯，並預留無限個突變躍進點的浩瀚人生宇航圖。

第六個好處：增加體驗點數

大家應該都聽過「隧道效應」（Tunnel Effect）：人們通常目光短淺，只能看見眼前即時的人事物上，很難有中長期的思考，以至於讓人在做決策時沒辦法想得全面——我們想像一下：一個人在隧道中，他看到的就只是眼前非常狹窄的視野，如果把隧道變成透明的，透過玻璃瞬間看到周圍各面向的可能，一出隧道後就豁然開朗，四面環場都是無限風景、各種可能——我們來一趟人生不容易，如果我們能開啟多維版的創意人生，意味自由度變大了，因為視野擴充成多元多維新版的一天，跟過去固定僵化單一流水帳的一天完全不同，那麼我們可以「多腦雲端．一時多工」地完成各身分的同時養成與創造，例如：看一部電影、閱讀一本書、聽一場演講，就可以多身分、多維腦、多視角、多感官同時吸收養分，就像轉動主齒輪，其他的次齒輪就會一起轉動，為我們的人生瞬間暴增許多體驗點數。

不要花時間證明我們的局限，要花時間創造出我們的無限——多維版本的自己有「多元途徑」可以成為自己想要成為的人，進而最終成為連自己都想像不到的人，準備好開始我們的十四堂多維人生創造課嗎？

第二篇

十四堂多維人生創造課

「多重身分」不只是在我們原有的維度加身分，而是往上、往深處加視角，就像幫你的人生加上天文望遠鏡、光學顯微鏡，協助我們在高維看全局看重點，然後在各維度間自由穿梭，在地平線上落實。

在這本《多維人生》，我將以十四堂課建構出**多元多維版自己的天地四方矩陣**（見下圖），也算是呼應自己早在二〇〇三年所寫的《十四堂人生創意課》——這二十二年的人生歷練蛻變出完全不一樣的自己，也希望當初讀《十四堂人生創意課》的讀者們，可以因此書而自動生成擴充系統，「擴大生命圈」般地螺旋式升級，一起進入「**多元多維版的人生版圖**」。

多元多維版自己的天地四方矩陣

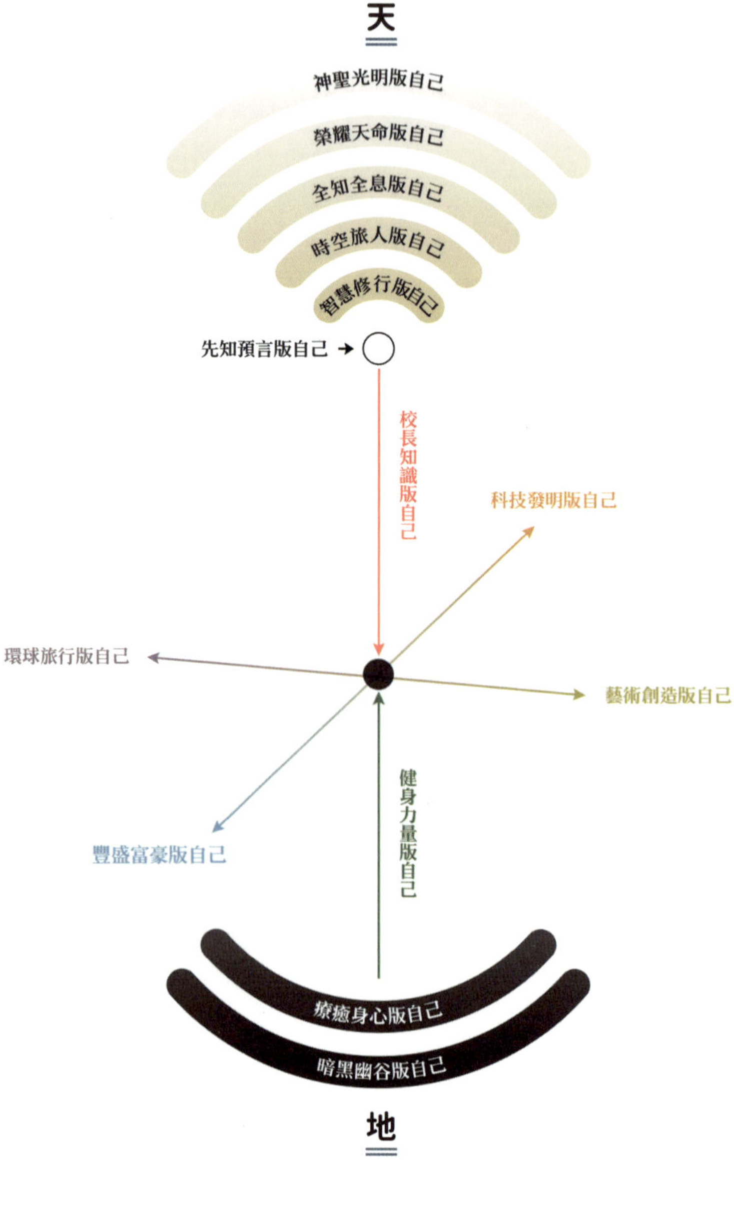

這個「多元多維版自己的天地四方矩陣」由「天」：**神聖光明版自己→榮耀天命版自己→全知全息版自己→時空旅人版自己→智慧修行版自己→先知預言版自己→校長知識版自己**，依序落實下來；底下由「地」：**暗黑幽谷版自己→療癒身心版自己→健身力量版自己**，依序往上升維；天地相交之後，再從中心向四方延展出：**科技發明版自己、藝術創造版自己、豐盛富豪版自己、環球旅行版自己**——我們可以發揮獨有的想像力與自我定義權，將各版本自己匯進一個平行且平衡的多維立體聯盟矩陣（**身分陣**），各身分可以互相疊加、互相支持、彼此加總之後還可以生成未來新身分，開展出有行動力的協同執行計畫，並以「一時多工」來同步完成，持續演化出多層次的豐盛人生藍圖與版圖。

以下依據左圖一一解說。

第一課：神聖光明版的自己

當我們遇到生命至暗時刻，最重要的是要為自己建立永恆的光源，這光源可以是你的宗教信仰，或是你景仰的典範人物，或是未來版的你的光源。當心情低潮，或是困在迷茫狀態時，倘若身邊無人可救援的情況時，還可以救自己。我們可以向**神聖光明版的自己**提問（以下簡稱：神聖版），為負面暗黑版的自己寫下所有**快速脫困**的急救解方，這樣就不會一直倒負面情緒垃圾給身邊的人；而你脫困的解方，將來還可以透過寫成文章、寫成書，或是演講時分享給更多需要脫困的人——這枚永恆「神聖版自己」的光源，可以照亮更多人的至暗時刻，這就是「創傷使命化」、「神聖版自己」救「暗黑版自己」的途徑，就像泰戈爾《用生命影響生命》這首詩中所寫的：

把自己活成一道光，
因為你不知道，
誰會藉著你的光，
走出了黑暗。

請保持心中的善良，
因為你不知道，
誰會藉著你的善良，
走出了絕望。

請保持你心中的信仰，
因為你不知道，
誰會藉著你的信仰，
走出了迷茫。

請相信自己的力量，
因為你不知道，
誰會因為相信你，

開始相信了自己。

我們要在內心、我們的頭頂建立神聖版的自己，這點非常重要。我之所以有這個概念，是源於我在三十五歲、人生陷落在憂鬱挫敗的低谷中，我到印度修行中心深度閉關二十一天，在沒有手機、沒有電腦、沒有電視的全然靜心狀態，意外地與「神聖版的自己」對上話，整個過程都寫成了《夢．前世．靈魂之旅》（現已收錄進暖暖出版的《心靈蛻變之旅》）。自此之後，我就有了一個「神聖版自己」成為內心的GPS，也有了自己的頂頭引導上師。每次睡覺前，我床頭邊一定會放上紙筆，因為每天早上還沒起床前，我就會有靈光一閃的智慧短語浮現在腦海中，睡眼惺忪趁還記得時寫下來，起床後第一時間打進我的臉書粉專頁中寫成「世說欣語」，跟大家即時分享「神聖版的我」啟示與領悟。所以大家在我臉書上看到的短句，都是「接收」來的，不是我以頭腦構思出來的。有時這樣的智慧短語會在我抱怨或情緒低落時突然出現，不只是天天都有，也可以說是無時無刻，就像隨身開啟了智慧SIRI，神音穿腦隨時語音導航。

如果一時半刻對接不到神聖版的自己，我提出五個方法供各位試試看：

方法一：覺察當下每個念頭

未來的日子會越過越好、越光明，還是越過越糟，取決於當下你的念頭聚焦在正向還是負向？就像開車，往右開會撞到山壁，往左開會進入坦途，但你每一次都不自覺地往右開，所以前途越來越狹隘。只要你當下保持覺知、覺察自己的念頭方向盤是往正向還是負向，你才能讓自己在神聖的命運版圖中，安心享受你想要的生活，方法其實很簡單。

方法二：借用神聖音樂來建立神聖的場域

此外，我也會盡量用神聖的宗教音樂（天主教、基督教、佛教、伊斯蘭教），做為我日常生活與工作時的背景音樂，有助於我所在的地點瞬間蛻變成神聖的殿堂——只要我們有意識地無限延伸自己的維度，越往上，人生的視野與格局就越廣大，在「神聖版自己」之下，就能投射出：神性／光明／高我／天命／智慧／大愛／慈悲版的人格與身分，並擬定有目標、有行動力的執行計畫，有助於自己保持在高維高頻的狀態，不易被較低的負面情緒所影響。

方法三：借典範人物的視角

只要找到自己極熱愛的天命之事，就會捨不得退休直到人生最後一刻。想一下，你最崇敬的、覺得他／她很有智慧的典範人物是誰？請重溫他們的傳記或電影，加深你對他們的認識；然後拿出一張白紙，把想問他們的問題一一列出來，列好之後，想像坐在你正前方的他／她是「神聖智慧版的你」，然後想像自己離開身體進入他們的身體，從其視角看著現在的你、以及你提出的問題，試著感覺一下，如果從他的角度會怎麼回答你剛剛提出來的問題？這就是與「神聖版自己」借熱情的生命聖火，與現在的自己對話交流的方法。

方法四：借智慧或神聖空間的視角

在某一次課上，某位學生在臺下問我問題後，我請他上臺，帶著他望向他原座位那個幾秒鐘前的自己，請在臺上的他回答臺下的他，他果然一下子就能智慧且果斷地回答出來，我稱之為是「導師」視角。

如果你對目前的人生有任何問題，或是你有疑問想問誰，可以寫下來，以幾首讓你感到超脫的神聖調頻音樂，比方很有宇宙浩瀚感的音樂，或是選放讓你**頭腦清楚、內心平靜**的音樂，然後想像把這些問題拿去向你仰慕且臣服的智者、心靈導師，或是你信仰的神佛，或是**未來智慧超高且有愛的版本的自己提問**都行，然後想像站到祂的空間高度／維度：無論是教堂主殿上方、佛堂的中央，或是從電影《天能》旋轉門走出來「未來版的你」……都行，然後借這個神聖智慧的空間視角回答你剛剛提出來的問題，你會很驚訝，有時收到的不是答案，而是打破問題盲點的一句智慧話語。關於與神性版自己對話的範例，可以以參看《與神對話》系列書。

方法五：從外太空看地球

你可以選一個「從外太空看地球」的照片，貼在電腦桌面上、手機頁面，或是貼在〈多維藍圖手帳〉神聖版自己的空白頁，想像自己在月球或是外太空視角看著地球上原本的你，隨時問自己：在整個地球上，你想怎樣定位自己？你將要在這個星球體驗什麼？你想用寶貴的一生來完成哪一件事，讓現今的地球有你、跟沒有你有差別？或是你想要為這個星球上的人類與各物種做什麼，才能讓這星球與大家都更好而不是更糟——如果全球每一個人此時此刻都正這麼想、並採取相應的行動，那麼全人類就能瞬間停止對地球短視近利的破壞、停止對彼此的傷害，以愛共創我們越來越幸福的未來。

以上五個方法都能協助你突破自我設限與盲點，一下子把維度拉到神聖版自己的等級，有助於你的生活不再捲進木馬迴圈中，瞬間脫困，這就是從「自排檔」→「神排檔」的升維過程，也是「心想事成 → 事成心想 → 心誠事享」量子跳躍的過程，其關鍵就是「自助者天助」、「天道易行」的頻率：所有你想要完成的願望，先靠自己辦得到，這意謂著你要先調整頻率，讓自己「有信心」、「有力量 」獨立完成夢想，自己先行進入豐盛頻率，不要因為匱乏而去許那些「期待遇到誰能給你什麼」的願望頻率。

當你活出自己的重要性，你所形成的磁場、曲度、影響力、氣場……資源自然而然就會自動旋入，這就是毫不費力的心誠事享、從小我瞬間翻轉到超我的蟲洞；而我們往上無限延伸到神聖版自己的維度，就往大家共好的方向聚焦，絕不可能偏離生命主軸，這就是「量子天命」的境界，也是在科技時代讓自己比「越來越像人的 AI 機器人」更往神性的方向演進。此外，神聖版自己的每日善功課是「三百六十五天造善林計畫」：每天至少無條件幫助一個人（以上），為自己每天種一顆善種子，三百六十五天後就是一片善森林福田，這就是你好、大家共好的人間樂園。

＊本堂作業

希望大家在上完這堂課之後，把與神聖版自己的對話、以及這堂課給你的提醒或方法，寫進多維藍圖手帳中「神聖版自己」的空白頁中，並歡迎分享到我們臉書上「多重宇宙」的專屬社群 https://www.facebook.com/groups/multiversealliance1111。如果我們每一堂課的作業都能在這群互相分享、交流、互動，就能達到彼此之間激盪與交流的最大綜效——有多少人與你一起看這本書，你就可以同步開啟多少種神聖光明版人生的視野。

第二課：榮耀天命版的自己

在《AI 新天賦》書中，我提到「**量子天命版的英雄回歸之路**」。當我們了解這概念，我們才有辦法從量子天命的視角下，擬定「榮耀天命版：未來最輝煌、最榮耀的履歷或是天命得獎感言」，有助於我們隨時把能量聚焦在真正想成為的自己，而不會被身邊的瑣事分心，也不易被負面情緒干擾。

改編自愛爾蘭園藝設計師瑪麗雷諾真人真事的電影《世界之庭》（*Dare To Be Wild*）就是最好的示範：從小生長在愛爾蘭的女孩瑪麗，到倫敦的園藝設計公司上班，當主管把她的作品據為己有，心寒的她以個人身分參加英國雀兒喜花藝大賽（RHS Chelsea Flower Show），雖然距離比賽僅剩三週，沒幫手、沒資金、沒資源、時間也不夠的她，預寫了一封「得獎感言」為自己集氣，神奇的是，接下來以接近神蹟的速度，資金、造園材料、幫手們瞬間到位，於是年僅二十八歲的她以作品「凱爾特聖殿」抱得二〇〇二年英國雀兒喜花展園藝設計金牌獎，她以「不人工修整」的野生植物，內含心靈與自然交會的石造月型拱門、古羅馬橡木小徑、花崗岩凱爾特王座……來完成這個代表天人合一的世界之庭；在成為雀兒喜花展有史以來最年輕的得獎者之後，英國政府贊助她在倫敦皇家植物園建造一座生物多樣性花園，而她也藉著得獎之勢開始她的最高的天命：希望讓大自然回到市區公園與住家花園，並持續為保護自然棲地四處奔走，所以瑪麗雷諾被列入史上十大景觀設計師。

另外一個例子就是奧斯卡影后凱特溫絲蕾，她說自己在八歲時就拿著沐浴乳對著鏡子練習發表得獎感言，讓一直被人嘲笑「肥溫」的她一路堅定地相信自己。量子物理學有一個概念：觀察者決定觀察結果，我們怎麼看待／定義自己，決定了我們是個怎樣的人，而不是由那些看衰、貶損、羞辱我們的人來決定我們是怎樣的人。這讓我們想到有很多有才華的女性經常被人嘲笑身材或是膚色，例如：卡拉絲、碧昂絲、愛黛兒、泰勒絲、惠妮休斯頓（傳記電影《與你共舞》），天才如馬斯克也經常被人嘲諷為瘋子……如果你目前也正面臨被人不看好、嘲諷、羞辱的自信崩盤期，可以去翻看這些典範人物的傳記、紀錄片、電影，看看他們是怎麼在幽暗低谷中置於死地而後重生。

而我的應對方式，就是會全力活出羞辱我的人所辱罵的相反，這就是我從低谷翻身、堅定成就自己的動力，就像韓國電影《逃出寧靜海》（*The Moon*）有一幕：一艘已快要沒動力的逃生艙掉進了月球隕石坑，他在地球的同事傳訊告訴他：「這個有弧度的坑，就是你最天然省力的發射臺」——人生也是如此，如果不小心陷坑了，就是下一次順勢起飛的發射臺。

達文西說：目光對準星星的人，不會改變心意。如果借電影《天能》裡的逆熵比喻：未來榮耀版的自己從旋轉門出來，帶著現在迷茫無助的自己堅定地前行，這也是以果為因的思考：從已完成的點，以纜車高維鳥瞰逆行回來，同步清除木馬障礙；或者我們也可以從量子物理學的角度來看：**一個量子系統在「觀測」之前可以「同時」存在無限種**

不同的可能狀態。當我們對這個處於「疊加態」的系統進行「測量」時，會因為主動「觀測」，系統就會「坍縮」到一個確定的狀態。如果大家對「所有可能性都同時存在」還不太了解，可以參看老高與小莫《十一維度》影片、電影《天能》、《星際穿越》、影集《薛西弗斯的神話》，就能明白「果因論」：先選定結果，再溯源回去找出「因」的途徑，就像是導航系統要先輸入目的地，這比「因果論：現在希望有什麼結果，希望實現，但努力不一定能成真」更精準。

「榮耀天命版自己」六步驟：

在量子物理學的觀點下，有沒有一個終極榮耀版本的自己供我們「聚焦」？這個「榮耀天命版自己」可以是我們傾全力聚焦的最佳版本（以下簡稱：榮耀版），彷彿這就是在地球上注定要完成的事，這就是我們的 GPS 生命導航系統。我們在預視、預寫「榮耀版自己」的感謝講稿之後，該如何將這個榮耀版自己落實成真呢？以下跟大家整理「榮耀版自己」六步驟供大家參考：

步驟一：回到歸零的源頭點

先不管你目前的現況如何，因為現況是你的過去所創造出來的，回到歸零的源頭原點，沒有過去的軌跡印記繼續牽制住你的現在與未來，彷彿回到宇宙大爆炸的起點，一切從頭開始，或是放心狂想：如果你重新投胎，你要怎麼設定一個最榮耀版的自己？

步驟二：找榮耀版調頻背景音樂

先找一首能讓自己感覺氣勢澎湃、熱血沸騰的背景音樂，例如奧運會開幕或閉幕式的音樂、奧斯卡頒獎典禮的音樂、史詩型電影的配樂（例如《阿凡達 2》）、或是我在風潮唱片《音樂欣頻率》專輯裡的調頻音樂（我親錄的導引），這些都可以協助你快速升維到「榮耀版自己」的音樂，順著這音樂頻率就像搭上高速火箭一樣，比地面更高速無礙。

步驟三：觀想你要一個怎樣的榮耀版人生

眼前沒有要贏過誰、沒有要比較的人、沒有競爭者、沒有要超越的人、彷彿目中無敵人般地只有你自己時，你想完成什麼？想像你從人生的最終回顧一生，帶著微笑光榮驕傲地離開生命是什麼狀態？是完成了哪些事？那時是怎樣的地球版本？然後藉著剛才選放榮耀感的音樂，以**榮耀版的自己**重新定位，並寫下所有的完成細節，例如：你想完成一個**全球連鎖的生態學校**，那麼這學校會長什麼樣子？裡面有哪些建築、課程、活動、老師、學生……你可以用寫的、也可以用畫的，請放在書附贈〈多維藍圖手帳〉裡**榮耀版自己**的空白頁，用來隨時提醒自己。

步驟四：畫出聚焦天命的行動地圖

《小王子》的作者安東尼．聖艾修伯里說過：「真正的快樂，來自於做事盡善盡美的喜悅，以及創造新事物的熱忱。」人有兩次出生，第二次是在你看到並拿到天命三叉戟之後，才開始你的量子跳躍般的人生！當我們已經預視到榮耀版自己的樣貌與願景之後，接下來就要開始畫出聚焦天命的行動地圖，途徑有以下這三個：

（一）梳理出我們人生過去與現況，找回我們遺忘的興趣與熱情：

1. 首先列出過往興趣：

你從出生到現在，你曾經**對什麼感興趣，甚至感到**

非常有熱情、激情？可以先準備一張大的海報紙，或是四張 A4 紙黏起來，以黑筆將自己從小到大曾經以及現在喜歡做什麼散寫在紙的各處，就像宇宙大爆炸那樣放開來寫，不要從第一行寫到最後一行，那樣太呆板了。

另外，每寫一個，就在這個詞右上方標上你寫的順序 1、2、3、4……也請同時標上熱情、激情的程度是幾星級（最高是五星級）。一定要盡可能寫，寫越多越好，盡量不要漏掉。

2. 接著再列出你的專長：

相較於周圍的人，你擅長什麼？你可以問自己，並採訪詢問身邊認識你很久的人，因為他們能看到你自己看不見的優點。

另外，也請寫下你從出生到現在，包括你曾做過的工作、你的主修專業、副修專業，或是你的自我進修，包括你去上過什麼課、聽過什麼講座 / 演講、目前的工作專長？……這些全都以藍筆寫下來，一樣散寫在海報的各處，一樣要標順序：1、2、3、4……也請同時標上專業程度是幾星級（最高是五星級）。一定要盡可能寫，寫越多越好，盡量不要漏掉。

3. 參看《AI新天賦》書中的協尋新天賦的十二大模型：

並結合從上述的線索聚焦出自己的核心天命，然後把這個核心天命、使命拉到廣義，提煉成抽象詞（非具象詞）→昇華、升維到最高且無限的「能量」層級，以大家共鳴、互利、共好的版本，對齊全人類的共同願景。例如我的核心天命就是：建立並分享自己的創意世界觀。

4. 自己佩服的典範人物有哪些特點：

利用你對這些典範人物羨慕、嫉妒、恨的優點、特點、成就，來沿線探索自己未開發的潛能。

（二）從未來趨勢的視角，幫自己先準備好未來的身分／能力／工作／生活方式：

1. 請列出未來你打算想學什麼：

或是想取得或成為什麼的身分資格、你未來想擁有的能力，包括你很羨慕誰的什麼能力、什麼身分……先不必管現實，都盡量先以紫筆寫下來，一樣是要標順序：1、2、3、4……也請同時標上最想要成為的程度是幾星級（最高是五星級）。一定要盡可能寫，寫越多越好，盡量不要漏掉。

2. 請列出未來你感興趣的職業：

從你能找到的預測未來趨勢資料中，列出未來可能需要的職業類別，然後選出你感興趣的，或是根據你的觀察或研究：你覺得未來可能會產生哪些新的產業現在還沒出現的，但你有興趣創生的→請用綠筆散寫進海報紙中，一樣要標順序：1、2、3、4……也請同時標上最想要成為的程度是幾星級（最高是五星級）。一定要盡可能寫，寫越多越好，盡量不要漏掉。這部分一定要大量找網路資料、找未來趨勢相關的書、影片、影集，例如：國家地理頻道的《悠悠百萬年》、Netfilx：《未來的》，最好還可以看科幻類的書，例如：《海奧華預言》、《沙丘》、《基地》，或是科幻、漫威電影：《洛基》（Loki）、《奇異博士1、2》、《蜘蛛人》、《蜘蛛夫人》、《駭客任務》……等。

（三）選一個能涵蓋所有其他項目：

剛剛我們已經從過去、現在、未來廣搜了很多自己的各種可能性，現在請仔細從全知全息版本的自己鳥瞰（俯瞰）全張圖→第一個跳進你眼中、一眼辨認出最接近核心天命的那一件大事是哪一個？如果要你只能選一個，只要完成這個，其他就算都沒做也不會遺憾的？請圈找出你最想做、最有未來性、一個抵萬個的那一項→或是：選一個能涵蓋所有其他項目的？

請用紅筆圈出來。比方有人寫了：電影、音樂、舞蹈、旅行、閱讀……，如果他是電影從業人員，而且他腦中已經有故事劇本的話，那麼他可以圈出「電影」，因為電影可以涵蓋音樂、舞蹈、旅行、閱讀，比方他可以拍一部很異國風情、很文學性的歌舞片，這就會是他目前要全力聚焦完成的天命的代表作。關於我的示範請見下頁圖：

李欣頻的聚焦天命全息藍圖

（黑）正在進行的項目
（藍）已創造／建立的體系
（紫）待學習的項目
（綠）感興趣、待創造的項目
★ 代表熟練程度

⑥ ★★★★★
旅行創作 / 帶團（自建）

② ★★★★★
電影 / 影集

④ ★★★
生死學

① ★★★★
西洋占星 / 阿育吠陀占星

① ★★★★★
旅行

⑤ ★★★★★
心理學

② ★★★★
心理諮商 / 家排

⑨ ★★★★★
馬雅月亮曆 / 創造曆法手帳

⑤ ★★★
瑜伽

⑧ ★★★★
音樂

⑦ ★★★★
畫畫

④ ★★★
養生

③ ★★★
電腦繪圖 / MJ

⑥ ★★★★★
天文學／外星文明

④ ★★★★★
文字寫作／作家班體系（自建）

③ ★★★
全球生態村串聯平台

③ ★★★★★
人生創意課體系（自建）

① ★★★★★
元宇宙設計

③ ★★★★★
創作／寫作

① ★★★★★
人生木馬程式體系（自建）

④ ★★★★★
靈性劇本創作

② ★★★★★
人生木馬程式 AI 體系

② ★★★★★
天職天命天能體系（自建）

⑤ ★★★★★
音樂調頻體系（自建）

如果你還不確定自己究竟喜歡什麼，可以每天打開感官，拿個小記事本，隨手記下你感興趣的人事物，連續記錄七天，等到第七天結束後，自己圈選出最有可能的天命是什麼。如果你已經知道自己的天命是什麼，請定出最關鍵要完成的代表作，然後列出一年內計畫表。

這就是你的「聚焦天命的全息藍圖」初草圖，接下來我們就會以這張地圖為出發點，開啟我們的多維人生創造之旅。

步驟五：「榮耀版自己」一時多工核心樞紐主齒輪

當我們設定好「榮耀天命版的自己」之後，就可以從高維視角設置一個：宛如指揮官般的核心樞紐身分，就像是「多個齒輪組成連動」中最關鍵的主齒輪，當榮耀版的我們聚焦在一個最重要的天命任務，定焦在最高頻率並啟動當下精準行動力的同時，也會連動其他的平行身分，甚至還可以串聯同好朋友們一起擴展多人多腦盒，並協同完成彼此的多重人生矩陣，可以解決斜槓造成分身乏術的問題；然後進一步詳列出短、中、長期的行動方針與進度表，逐日、逐週、逐月、逐季、逐年地完成目標，那麼你就能在有限的生命時間裡活得精采漂亮、活得淋漓盡致，不枉你來走這一遭人生。

步驟六：寫下「完成這榮耀版的自己後」的感謝講稿

你想要完成的未來，決定你的現在版本，就像電影《異星入境》（*ARRIVAL*）：一開頭就決定結局。預視未來最榮耀版自己、全心全意定焦、毫不懷疑地書寫出最輝煌、終極榮耀版自己的未來履歷、簡介、自傳書摘、得獎感言、感謝信（未來的自己感謝現在的自己）、紀錄片大綱……就非常重要，看哪一種型式你寫得最順手，就用那個型式。在一切未成形之前，「相信自己已經完成」才是唯一向前的動力系統，就像我會在開始寫書前先寫感謝序，或是我也會在每一年的年末，為自己的新年設下三組夢想關鍵字，放在我家玄關的夢想燈箱中，以發光的字體隨時提醒我專心聚能，有助於清晰對焦在我真正想過的生命頻率狀態，也能讓我的行動充滿自我賦能、自信、堅定！

舉步驟三的例子，如果你「已經」成立了**全球連鎖的生態學校**，將來聯合國請你去演講，你會講什麼？感謝什麼？這份榮耀版自己的感謝講稿，可以放寫進〈多維藍圖手帳〉「榮耀版自己」的那一頁，包括所有你喜歡的榮耀版音樂也都存進電腦或手機的檔案夾。如果你被當下瑣碎的事或是負

「榮耀版自己」的那一頁，包括所有你喜歡的榮耀版音樂也都存進電腦或手機的檔案夾。如果你被當下瑣碎的事或是負面情緒困住，就隨時啟用這些音樂，用你「榮耀版自己的感謝詞」脫困，你就不會浪費時間在想：為什麼這個人這樣說你、為什麼自己受到不公平的待遇、為什麼那個人比自己厲害？就像一隻老鷹如果走在地面上，牠可能會很挫折自己為何跑不過豹，但如果牠記得自己有翅膀，有大片無礙的天空，牠何必跟豹在同一個地面賽跑呢？

當我在幫學生做天賦藍圖個案時，若發現這位同學太斜槓，就是這個也做、那個也學，好像什麼都會一點，但問她核心要完成什麼主要目標，她卻又很茫然，這時候我就會請她找榮耀版的音樂，拿出一張白紙（現在有了〈多維藍圖手帳〉，就可以寫在榮耀版自己的那一頁），想像她的人生在未來顛峰時刻，有一張「榮耀版」的履歷／簡介／自傳的書摘，那上面會寫什麼？這讓她一下子從茫然狀態，回到她真正想成為的自己，這就是從高維視角鳥瞰下來，很多「自己該完成什麼、別人會認為我很厲害」的這些原不屬於自己天命的雜質、雜念就會自動過濾掉了。

我們每一個人都是為自己做決定的那個人，以天命頻率自己」的方法，分享到我們「多重宇宙」的專屬社群，大家一起交流、疊加，因為在廣義的層面上，我們每一個人都是彼此的平行版本。

＊本堂作業

希望大家在上完這堂課之後，可以選幾首讓你感到榮耀的音樂，想像自己在人生的最終，帶著微笑光榮驕傲地離開生命是什麼狀態？是完成了哪些事？那時是怎樣的地球版本？

另外，還可以把與榮耀版自己的對話，未來最輝煌、終極榮耀版自己的履歷、簡介、自傳、得獎感言、感謝信（看哪一種型式你寫得最順手，就用那個型式）、你自己「設定榮耀版自己」的方法、這堂課給你的提醒、紀錄你以榮耀版自己過今天的意外發現，都寫進多維藍圖手帳中「榮耀版自己」的空白頁中，並歡迎分享到我們臉書上「多重宇宙」的專屬社群。大家可以彼此觀摩、切磋、交流，或許群組中誰跟你有相同的夢想，或是有可以支持你的資源，就可以直接跟你連繫喔！

第三課：全知全息版的自己

我在《人類木馬程式》《原生家庭木馬快篩》書中提到：我們視角所沒看到的地方，極有可能成為我們的盲點、偏見，進而成為我們的弱點、致命點。當我們建立多元多維版的自己，會比單一版本的自己更多視角，衍生成「複眼版」的自己，看外在的人事物也比較不會落入「對或錯」的二元對立，整合宏觀微觀，就能更趨近於完整、全知全息。

在剛剛畫出「聚焦天命」地圖，找出**最接近核心天命的代表作**，但為何我會說是「最接近」而還不是最確定的呢？因為我們要從另一個全觀視角來看，就像是你從地面上看到己建立最接近「全知全息」的全觀視角。

什麼是全知全息版的視角？

如果我們改以「萬花筒鏡（就是以目鏡孔＋透鏡＋三面鏡＋紙筒＋玻璃珠組合而成）」來比喻，眼睛透過萬花筒鏡看出去，筒的另一端是透明的玻璃球，我們透過球鏡看見的世界就成了多球體的景象。我手中有一個復刻嘉慶二十二年、蘇格蘭科學家大衛布儒斯特爵士所造的萬花筒鏡，上面有一段文字可以用來詮釋「全知全息智慧」版的進階概念：此鏡能視一物化為數十物。如視美人，頃刻金釵屏列；視花朵，忽來天女繽紛。遠視山林台榭，儼然海市蜃樓。層疊參差，光華燦爛。蓬萊閣上，恐反無此變幻觀也，是鏡之妙也。妙乎能易物象也。何謂易象？蓋凡物之有形者，必發越本象於空明中以射人目。如果我們將萬花筒進階到了萬花筒鏡，「有限複製」的視界就能拉到接近「見即萬有」，倘若能拉到「無我的維度」，就能在空性中創造，達到空生妙有的境界。

如果我們以「太空望遠鏡」的視角來升級想像「**全知全息版自己**」，大家可以搜看老高與小茉談《詹姆斯韋伯空間望遠鏡》，影片中有很多可以延伸到人生深度思考的部分，特別是對應到「全息、多重版本 」自己的部分：

詹姆斯韋伯空間望遠鏡，是二〇二一年十二月二十五日發射到太空的新空間望遠鏡（簡稱 JWST 望遠鏡），它的特點與給我們的啟示是：

（1）與可見光望遠鏡的哈伯望遠鏡不同，JWST 是紅外線望遠鏡，能看到我們肉眼看不到的東西，紅外線可穿透星塵，看得比原來的哈伯望遠鏡更遠更透。

→我們如何有更高的洞察力，能看穿事物表層底下的真相、真理、實相？

（2）JWST 望遠鏡上最貴也是最重要的組件是「可以把宇宙中極微弱的紅外線，反射到裡面感光儀器上成像的反光鏡」，是由 18 塊直徑 1.32 米的六邊形鏡子組成的，而且是必須越大越好；但反射鏡太大裝不進火箭中，所以它必須折疊。

→我們如何把外在微弱的光，深納進我們的內心，看見、看清自己的樣子？如果我們內心也有一面巨大的反射鏡，它可收疊進我們內心的方寸之地，需要的時候，可以隨時展開來，讓我們可以更廣域、接近全方位全知全息的視角來看自己。JWST 望遠鏡的六角形設計，剛好呼應六邊形在神聖幾何學中代表「大宇宙」。如果我們每個人都有一個大宇宙鏡的多重視角來看自己，而不再只是單一鏡面、單一視角。

（3）JWST 望遠鏡的反光鏡剛度要夠強到受冷受熱都不能變形，而且也要承受得了運送時的劇烈震動，所以它以銀白色的金屬「鈹」再鍍上金來製作的，這金屬抗彎剛度、熱穩定性、熱導率都很高，密度卻很低（只有水的 1.85 倍），所以適合做航空航天材料；X 射線等電離輻射能夠穿透低密度和低原子量的鈹，所以在 X 光儀器和粒子物理學實驗中都常用鈹做為窗口材料；鈹可以很好地傳導熱量，因此被用於控制器械的溫度。

→如果我們對著初升起的曙光，就能呈現金黃色的光芒；如果我們想要在多重鏡面上清晰映照出自己，也必須要對著光的，意謂著：向著光，就能看清、看全自己。

（4）JWST 望遠鏡每一面鏡子都可以精密移動，所有鏡面後面都安裝了七個高精度的馬達，採集下來的光線要經過四次的反射，才能進到鏡子後面的感光元件裡。

→第一版的「多重宇宙手帳」（後來增修成〈多維藍圖手帳〉）裡設置有七個版本的自己，其中內含有四個平行版本的自己，來疊加、構全完整各面向的自己。

（5）JWST 望遠鏡感光元件前面都有快門，必須縮小這個快門，看的範圍窄但卻能看得更遠（長焦）。

→我們既要能被動賦能，也要能主動搜尋，讓我們在廣域的無限可能中，聚焦在未來那個天命閃光點。

（6）JWST 望遠鏡停留在拉格朗日點（L2），即是一個重力平衡點，只要待在那個地方，就會被太陽與地球同時拉住；再加上 JWST 望遠鏡本身，就能平衡地待在那個位置→如果你有了「神聖光明版的自己（太陽）」＋從外太空（JWST 望遠鏡）看地球上的自己，那麼你就能在重力平衡點上穩定地自處。

練習全知全息版的視角的三個方法：

方法一：將這個世界的每一個人，都視為另一個版本的自己

我練習的方式是：先把眼前每一個人都視為自己，例如我走在街上，我會想像眼前走來的是另一個版本的自己；在餐廳吃飯時，我也會練習從餐廳每一桌的每一個人的視角看周遭。或是我在看電影時，我就同時從主角視野、配角視野、路人視野、導演視野、攝影視野、空拍機視野來經驗電影的故事劇情。也會從全電影院裡每一位觀眾視角，來同步體驗他們的關注點與情緒，這也是練同理心的好方法。

同時我也會反向練習：從眼前每一個人的視角看我，我是一個怎樣的人？有什麼是我自己也沒看到的盲點？這方法有助於建立**多重觀看自己的全知全息視角**。

方法二：關注全球新聞

當全知全息版的你開始關注全球新聞，把全球每一個人都視為另一個版本的自己，整合全球近八十億人口的視角，有助於建立**多重觀看自己的全視角**，就越能**拼接**近全知全息版的自己，讓我們更善於理解他人與溝通。

方法三：將過去人類歷史事件，視為是自己的個人史

我記得以前曾在網路上看過一個短片：《三分鐘看世界歷史版圖演化》，大家也可以上網找來看，但請先虛擬想像，在這樣的時空變化下的每一個人的生活，會經驗到怎樣的變化？有助於你能既宏觀又微觀地體驗全世界的時空演化，就像是電影《露西》（*Lucy*）裡有一幕：她坐在美國紐約時代廣場前用手滑動時間軸，往前看到遠古時候、往後看到未來的紐約，以手就能快速逆轉、正轉時間，快速滑看百千萬年變化，平常也可以這樣的練習：在每一個當下的此時此刻，在之前發生過哪些事？在之後將發生哪些事？有助於更會換位思考、同理別人，也有助於你的溝通與人際關係的改善，擴張**視角到接近全知全息**。

比對並落實於現況：

大家可以拿出你的「**聚焦天命**」地圖，將你當初圈起來的核心天命，想一下如果放進眼前這個全地球視野，你覺得還可以做怎樣的調整或是細化？例如之前舉例的「全球連鎖生態學校」，放到全球的版圖，應該在哪些地方設校？各分校可以怎麼串聯？ 或是延續剛剛提到的全球版思考： 我要把

我寶貴的一生，待在這個星球做什麼？或是為這個星球、或以及這個星球上的人類與各物種做什麼，才能讓這星球與大家都更好而不是更糟。就像曾獲得諾貝爾和平獎提名的瑞典環保少女格蕾塔，為**全球暖化與氣候變遷**罷課、並受邀到聯合國與世界經濟論壇上演講，到了二〇一九年，全世界估計有一百四十萬名學生參加了由她發起的罷課抗議活動。另外，以她為題材的紀錄片《我是格蕾塔》亦在二〇二〇年的威尼斯影展首映。原本才八歲的瑞典小女孩，卻比各國政要、科學家們更關心全球氣候的危機，她比一般人更有「全知全息」的視野。

那麼這件由你完成的主要之事會是什麼？跟你之前的核心天命有沒有交集？或是可以匯整成一件影響力更大、且更精準的天命之事？這就是你可以放進更大規模「**全知全息版自己之藍圖主控室**」去執行的計畫。或是可以再放開來狂想一下，如果你是接手地球重生計畫的主事者，在整張「孵卵藍圖」的相對制高點位置，從多重觀看自己的角度，你會怎麼思考、怎麼做？

《改寫人生的奇蹟公式》書中裡有一段話：「我們所經歷的世界，是我們想像出來的；如果想要改變世界，只需要改變我們的想像。我們不必創造富饒，富饒一直都在，我們只會創造限制。」一旦你體驗過「全知全息版的自己」的視野後就無法逆轉，我稱之為「不可逆」的視角，就像是你坐過飛機，看過飛機窗外、雲層之上的浩瀚景色後，你不可能假裝沒看過。

如何畫出全知全息版自己·完成星空圖：

當我們透過前面高速進化的步驟，成功建立「全知全息」新版人生的多重立體矩陣後，就能同時全方位啟動更有想像力的思維腦洞，透過〈多維藍圖手帳〉中的表格指引，來設定每一個身分階段性任務或是終極目標後，就可以將那個身分畫成一顆星／星系／星雲，畫進手帳中最後一頁，這是你自體宇宙大爆炸後的全息星空圖，也是你現階段「多維創造版人生」陸續演化完成的軌跡圖，你隨時都可以翻到這一頁，隨時即視「全息、完整、廣大的自己」的多維人生星空圖，並以你最專注的時間、能量、決心、行動，將自己人生光譜與維度同步拉廣拉深，設置「全知全息版的自己」的俯瞰視角，完成自己第一階段最大規模版圖的〈全知全息版自己·完成星空圖〉，這就是超我＋高我＋大我＋我所共同創建的人生浩瀚星空藍圖，這本〈多維藍圖手帳〉就是你生命驚奇之旅的引動版圖，從此你就能以豐盛多維的身分「陣」，取代單一身分證的命運版圖。

至於我是怎麼在全知全息智慧版自己之下，投射出各個平行身分，並將這些身分匯整成新版自己的新血統書？我在二〇一〇年出版的《變局創意學》書中自許從既有的廣告文案、作家、老師身分再多演進成：半個地球學家＋半個物理學家＋半個天文學家＋半個古文明學家＋半個靈性哲學家＋半個醫生＋半個野地求生專家＋半個藝術創造家，這就是我的第一張全息全人版的自我簡介；等到自己全方位完整後，再把自己升級到該領域有獨特觀點的人，進一步畫出自己的多維天賦計畫書。

此外，我在《AI 新天賦》書中的**第八個模型：全息擴張式／全人的設定中**，我以**「全知全息版自己／全人版」**給了自己清晰的定位，並放進了我的每一本書的作者簡介中：有著作家詩人的孤僻性格＋靈修者洞察深處的眼睛＋旅行者停不下來的身體＋廣告人的纖細敏感與美學癖＋知識佈道家想要世界更好的狂熱＋教育者捨我其誰的使命感，當我充分了解自己的強項優勢，也把自己看似弱項的視角轉成獨特點，我的簡介就不再只是寫自己已完成的作品履歷清單，而是升階到了「無限放大」的無界層次。我定義的人格特質，就像萬花筒的核心也不過就是幾個彩色碎片，但每一次的隨機組合，都能全方位鏡相出璀璨無邊的萬花世界，才能全方位無礙地創生顯化出我的各個面向、各個身分。

全知全息版自己的大圓滿境界：

與「斜槓」概念最大的不同在於：全知全息版自己自始至終就是圓滿完整的，就像一顆種子裡已蘊藏了一整棵大樹的藍圖，然後透過天時地利將這張生命藍圖展開來讓大家看見，自始至終都是「完整的」，就像《奧義書》中提到關於完整跟圓滿，有一段很美的比喻：

種子是完整的種子
樹是完整的樹
芽是完整的芽
花蕾不需要變成花朵才算完成自己
因為它已經完成了。

當它是一朵花的時候，它是完整的
等花變成果實時，那果實也是完整的
當然，在果實的深處，還有完整的種子
從完整中取出來也是完整的，剩下的也是完整的。

就像每一個詞都是完整的
每一個句子都是完整的
書的每一頁也是完整的
每一本書也是完整的
每一座圖書館也是完整的
每一件事都是完整的
每一個人都是完整的

當我們本自俱足，當我們完成「多元多維、廣大完整、

全知全息版的自己」後，就像建立了自己生命中的恆星光源系統，我們就已經在豐沛的源頭裡、在完整之流中，從此就能自由無礙地創造、演化、更豐盛生命版圖，而這個浩瀚的大版本之中，怎樣都對，怎樣都好。

＊本堂作業

希望大家在上完這堂課之後，能升維到全知全息版自己的視野、一眼辨認出自己的的天命、以此天命衍生成自己可全力聚焦的最佳版本（GPS 導航系統），並在多維藍圖手帳上畫出〈全知全息版自己．完成星空藍圖〉，並歡迎分享到我們臉書上「多重宇宙」的專屬社群，如果我們每一個人的星空圖都能在這群互相觀摩、分享、交流、切磋、互動，就能瞬間擴張成宇宙星系圖。

第四課：時空旅人版的自己

我自己是「多重宇宙」迷，從小時候喜歡看天空、喜歡從萬花筒裡看多角度鏡面複製的圖形陣，到大量看許多「各平行世界之多版本自己」的電影，包括《全面啟動》、《另一個地球》、《今天暫時停止》、《奇異博士》、《真愛每一天》、《每，一天》等，我自己也在生活中實驗了這些電影或是相關書籍啟蒙我的方法。

思維框架決定格局，或許我們一開始在地面上，很難想像從高空中鳥瞰全圖的視野，但至少從現在開始，我們已經不再只低頭看眼前的路，而是開始望向天空，甚至從空中的飛機、空中的鳥、空中的雲、空中的日月星辰角度看現在的自己，於是我們的視野就能瞬間被打開。

就像電影《駭客任務》裡有一幕：當他跳出虛擬程式線外，就是一個全新的世界；也像是電影《奇異博士》裡的古一大師，以手劃開蟲洞，直接瞬移到她想去的時空。在各個意識宇宙中瞬息穿越，所演化出來的各個平行身分們，將在各維度協同成為一個屬於你的宇宙聯盟，並且精準地落實在現實生活中，於是你的多元知識庫，就成為你多維人生創造版的每一天。所以平常多看科幻、超現實的小說、電影、影集，影片，就能以想像力突破原有的思維架構。當心、腦不被木馬程式矩陣所框限，人生擴張出更多無限意識、各種潛能世（possible worlds），讓你的天賦藍圖與潛能，像是宇宙大爆炸式地同時擴張開展，於是你就能從原來狹隘的時間空間感脫困出來；而多版本人生、平行世界、多重宇宙的影片與書籍，都是擴充我們想像力的參考，也是我們升級大腦最快的方法。

如果我們把各版本都放在一個平面上，用全知全息的視角來同時看的話，我們就不必一次又一次、一個版本又一個版本地浪費寶貴的生命來試錯，先決定我們要去哪一個目的地，然後再倒推回來看自己該從哪一個手扶梯上去，如果落實到我們的生活中，可以是：當你要在眼前多個選項／多條路徑選擇，你就想一下「時空旅人版的自己」會怎麼選擇，你一下子就可以做出省時省功的聰明選擇；我們也可以想像：火車站的月臺，如果你要去巴黎，但你在開往西班牙方向的月臺等車，就到不了巴黎，這就是「以自己想得到什麼果，來決定現在種什麼種子」的概念。

以下我把自己經常實驗的方法，分享給大家：

玩轉時空・遊戲人間的六種方法

1.《全面啟動》的維度電梯：

不同電梯樓層代表不同頻率、創造出不同實相。在電影中，男主角可透過電梯的升降往更高、更好的版本，或是往更低、更糟的版本。我們可以根據霍金斯能量表上不同的層級，來決定自己要穿越到哪個情緒頻率帶上的命運版本，在下面這張表格上我們至少可以玩轉十七種不同的時空版本。情緒就是我們的時空機，我們天生就是時空旅人。

霍金斯博士意識能量層級圖表

1	開悟正覺：700-1000	7	希望樂觀：310	12	渴愛欲望：125
2	安詳極樂：600	8	中性信賴：250	13	恐懼焦慮：100
3	寧靜喜悅：540	9	勇氣肯定：200	14	憂傷懊悔：75
4	愛與崇敬：500		頻率標度值200，正負能量的分界點	15	冷漠絕望：50
5	理性諒解：400	10	驕傲輕蔑：175	16	罪惡譴責：30
6	寬容原諒：350	11	憤怒仇恨：150	17	羞愧恥辱：20

2.《另一個地球》的對照版本：

在電影中，女主角做了一件錯事導致自己錯過了進麻省理工學院的大好前程，後來聽說另一個地球上可能有另一個版本的自己，她想去看看另一個版本的自己是否過得比較好。我們這一生中可能做過讓自己後悔的決定或是事情，可以想像：如果有另一個版本的自己，沒做出那件錯誤的事，那麼她／他現在過得如何？如果有飛行器到另一個不讓自己遺憾的版本，我們可以怎麼重新來過？

3.《今天暫時停止》生命跳級的秘訣：

在電影中，身為記者的男主角去採訪二月二日土撥鼠日，這一天是他情緒最糟的一天，沒想到男主角隔天醒來，他最討厭的二月二日就開始重複，每天都會遇到一模一樣的人事物與劇情，他從：不接受、抱怨、憤怒、想盡各種辦法逃離小鎮或是殺死自己，到後來接受、臣服之後，開始創造出先知救世主的版本：有愛人又富裕的一天 —— 心態與過法不同，一天的結局就完全不同。如果我們把當下每一天過到：你好、我好、大家都好的大愛版本，人生劇本就直接過關升級到下一階段，這就是時空旅人「量子跳躍」的決心，直接穿越到最好版本的秘訣。

4.《奇異博士》隨時開蟲洞的能力：

在電影中，古一大師、奇異博士隨時可以手指劃出蟲洞，進出任何想去的地方。我們也可以在意識上這麼做：當你想完成一件事，或是想去一個地方，就讓自己的意識先行，身歷其境地虛擬體驗，把那個頻率再帶回到現實生活中，這就是「心誠事享」的秘訣。

5.《真愛每一天》清晰當下的因所造成的果：

在電影中，男主角有回到過去的超能力，他總是利用這能力退回到關鍵點重新做選擇，到後來他領悟到：根本不必回到過去，每一分每一秒都在穿越時空，我們只要盡其所能地把每一天活成最棒的版本就行了。如同《今天暫時停止》一樣，清晰當下怎麼過就能到自己最想要的生活，就不必浪費時間一直忙著穿越到過去。

6.《每，一天》為每一個人創造最好的版本：

在電影中，男主角每一天都會在不同的身體裡醒來，他就會以當時那個人的現況，把那天過到最好，比方：他在一個膽小不敢表白的人身體裡就大膽示愛；在一個胖子的身體裡開始運動……他以一天的時間活出那個人生命中最大的轉折點：最勇敢、最有自信、最幸福、最巔峰的一天。如果我們不只把當下的自己過到最好，也能帶動周圍的人把今天過到最好，這就是量子天命的雛形。

此外，穿越時空、多版本的電影還有：《天能》、《口白人生》、《重啟人生》、《媽的多重宇宙》、《偷腦》、《變腦》、《源代碼》、《彗星來的那一夜》、《永遠的君主》、《洛基》、《星際穿越》、《關鍵下一秒》、《黑洞頻率》、

《超時空接觸》、《時空旅人之妻》、《前目的地》、《熱浴盆時光機》、《無姓之人 / 倒帶人生》、《蜘蛛人返家日》、《考萊塢》、《重生之門》、《分歧者》、《一級玩家》；韓劇：《來自星星的你》、《W》、《星期三》、《阿罕布拉宮》……關於平行世界的書就更多了，例如：賽斯系列如《靈魂永生》、加來道雄《平行宇宙：穿越創世、高維空間和宇宙未來之旅》……大家可以每週選一部電影或是書來看，邊看邊突破自己的認知、邊看邊解鎖時空奧秘，同時編寫屬於你的《時空旅人玩家手冊》，有助於拉大自己的生命維度與大幅跨界的超強行動力。

＊本堂作業

希望大家在上完這堂課之後，能以時空旅人身分活出今天的最佳版本，或是你也可以選幾部科幻、超現實的小說、電影、影集，邊看邊寫下啟蒙你靈感的重要啟示，寫進多維藍圖手帳上，跟大家分享你的玩法與領悟；但如果是針對你不同平行身份的靈感啟示，也請分寫在各平行身份的空白頁中，非常歡迎將你觀影或看書的體悟、或是這堂課的心得分享到臉書上「多重宇宙」的專屬社群。如果我們每一個人的時空軌跡圖能在這群互相觀摩、分享、交流、切磋、互動，就能瞬間擴張成一張巨幅的超時空網路。

第五課：智慧修行版的自己

為何要建立智慧修行版的自己？

古希臘哲學家赫拉克利圖斯說：「智慧是一種心靈，從認識到駕馭『並存在所有事物中的一切』即一。」從**神聖光明版自己→榮耀天命版自己→全知全息版自己→時空旅人版自己**往下投射的就是此生智慧修行版自己，特別是外在環境混亂、人心震動特別劇烈的時刻，建立一個穩定的內核就非常重要。

我在《心靈蛻變之旅》書中提到：有人問我，創意做得好好的怎麼會跑去修行？爭奇鬥艷的創意與寧靜無爭的修行不是很衝突嗎？靈修後，還會有令人驚豔的創意嗎？對我來說靈修是什麼？靈修之後，會不會覺得創意比較沒力？會不會因為靈修後變得平靜，就沒有什麼激烈的靈感？

我在《十四堂人生創意課3》書中是這樣回答的：剛好相反！靈修前的創意，就像是一個人在房間裡玩積木模型，自己用想像力創造出假山假水，因為沒見過真的高山、瀑布，所以玩得很過癮、自以為已經很精采了，而且還能讓來房間參觀的人驚豔……但修行淨空之後才發現，原來還有更大的創造空間，就像龍捲風裡面是空的，空的範圍越大，吸轉萬物進來的力道也越強。等我到印度靈修之後，感官與反應變得更敏銳、視野也變高變廣了，意識上的高山大水都是自然壯闊，真實而令人感動。所以現在比較像是：清空過去處心積慮耕耘的一切，在空山靈雨之中，信手拈來就是「神來之筆」的狀態。寫文案的速度更快更好，寫書也是行雲流水、下筆即成，演講則是：一拿起麥克風，不必講稿就可以流暢地講到底……以前我是一個經後天努力打造出來的創意人，現在比較接近天生帶有天賦才華的創意人。如果用水來比喻：以前生命地表平坦，需要費勁打幫浦，才能激得起水花；現在心靈地表非常豐富，只要順著流，水會依地形激盪出精采的瀑浪，這就是為什麼我覺得「人生創意學」比

「廣告文案創意學」更長久，因為從靈魂與感官上去蛻變成「活」的、隨時應變的創意人，才是究竟恆久之道；如果我講的是文案技巧、創意方法，今天講完了，明天就瞬間過時。套一段網路上流傳「你是聰明人還是高明人」的說法：「聰明是在一杯咖啡裡變化出數種花樣，高明是從一盞清水中感覺出單純的甘甜；聰明的人可以折服別人，高明的人卻能擺平自己。」

所以「心靈修行」是讓我的創意可長可久的根本之道，也是創意的最高境界。我在《打造創意版的自己：創意腦與創意人格培養手冊》提到：無我、空性、零點、涅槃，就是無招勝有招的「創意禪」，一如「無影腳」的空性境界，也就是在一切為空的純淨狀態，才能無礙地創生萬物。《犁俱吠陀》經中的〈創世讚歌〉（*Hymn of Creation*）說過：「在開始之前，連空無都不存在，既無空氣，也無天界，當空無爆發成空間的某種東西時，事物遂在空與無之間誕生。」Robert Kaplan也提過：如果你看「〇」，你會看到空無；但是如果你洞穿它，你會看到整個世界，而這個概念，在西藏密宗金剛乘的說法是：以純淨的意識超越時間空間限制，把狂喜比擬為鑽石意識，這裡就蘊藏著宇宙所有智慧與能量的創造力。這個「〇」是一切創作的源頭，也是萬事萬物的無限可能，它就是一種太虛狀態下的蛋，可以由你孵化出任何作品。

也就是說，喧譁創意舞臺背後需要有一個淨空的創造場，唯有在「尚未有定義、一切尚未成形」全空無的真空狀態，然後才可以「沒有成見」、「沒有固定路徑」地發想一切的可能，就像再來一場宇宙大爆炸般的創造力，如此就能發展出新的大腦神經元，創意就能瞬間擴張、繁衍成無限可能。就在我二十歲到三十五歲如火如荼地進行「創意啟蒙之旅」的同時，在旅途中意外地開了一條平行軌道，同時體驗了身心蛻變之旅，最早的一次就是在《旅行創意學》書中提到的：大學暑假到美國柏克萊遊學時遇到的校園槍擊事件，讓我瞬間從自閉膽怯到勇敢冒險，這是我心靈的第一次巨大蛻變。第二次是在紐約自助旅行回臺後當天發生九一一攻擊事件，再次與死亡擦肩而過的幸運，讓我決定要跑在死神前面一秒鐘，繼續搶更多時間去旅行。

因為一九九九、二〇一二世界末日的謠傳，讓我更積極地把握當下去旅行，於是我人生中最青春有活力的時期，就在世界各地容器裡演化出自己的多重人格，就像一只花苞向四面八方張開了異國複式的人生花瓣後，最核心的花蕊得以見天日。在《創意啟蒙之旅》後開始進入人生的第二階段：

《心靈蛻變之旅》，讓我保有更無邊界的創意場域，並且幫助我迅速從三十而立過渡到四十不惑、甚至到了知天命的心境。

Brewster Ghiselin 說：「我發現自己擁有另一項特異功能，只需在心中想像一個空白的空間，我就能離開地球，旅行到一個純粹由觀念構成的世界，在那裡透過想像力，我可以隨心所欲創造任何東西：我創造海洋、山脈和美麗風景，我甚至按照自己的意願，創造人的形象。我創造過無奇不有、形形色色的東西，每一件看起來都跟地球上的東西同樣真實。」我認為旅行最大的意義在於：能讓你從自己的內在中找到真正需要的東西，對我而言，旅行就是幫助我發現不同自我的途徑。

我想知道，在希臘海邊的我、在撒哈拉沙漠中的我、在北極圈裡的我、在西藏高山上的我、在挪威冰河上的我……跟出發前的我有什麼不同，所以我的人生不再以二十歲、三十歲、四十歲、五十歲來分野，而是：去過歐洲之後到非洲之前、去過非洲之後回亞洲之前、亞洲之後到美洲之前、美洲之後到南極之前……做為我人生每一段重要的心靈里程碑，也是我後天混血的過程。

如何建立並執行智慧修行版的自己？

我以下面四個方法來建立「智慧修行版的自己」：

方法一：智慧修行版的書與電影

每週依自己人生問題所需，去選讀關於心靈成長或增進智慧的書或電影，以問題驅動自己去找答案是最有動力的，例如影集《秘密：吸引力法則》、《三摩地 1、2、3》、《佛陀傳》等都是我最常反覆看的，每一次看都有不同的體悟。

方法二：跟智慧修行版自己對話

當我們心情慌亂、沮喪、低潮、憤怒、焦慮、需要尋求解答時，就切換到智慧修行版的自己，隨時跟自己對話，做為自己的拯救者、自己的引導上師。我在三十五歲遇到人生低谷期時跑到印度修行，在二十一天閉關中，「智慧修行版的我」帶我看到的視野：

從鳥瞰的角度看到一個程式庫，裡面有各種情緒，各種念頭：貪婪、野心、成功、快樂、幸福、失敗、自卑、孤單、渴求、痛苦、悲傷、憤恨、恐懼、嫉妒、占有、開悟、成道……看到每個人每分每秒從這個程式庫裡，選一些放進自己的身心靈中開始他們的經歷，他們以為這些是自己生出的念頭，自己引發的情緒，沒人發現這些都是早已經設定好的「人類頭腦、情緒、特質儲藏庫」——原來這就是智慧修行版的我提到的「人類集體意識」的概念：你現在的想法不是你自己想出來的，你的情緒也不是你自己去引起的，是你讓集體意識的想法進了你的腦，讓集體意識的情緒進了你的心，就像你在自己的家庭電影院裡選看悲劇、喜劇、勵志片、文藝片、恐怖片……是一樣的道理；因為人們太入戲了，都以為是自編自導自演這些影片，這也就是為什麼人們總是很難去克制、或是壓抑源源不絕念頭及情緒的原因——這些念頭與情緒，對話與故事，都是自人類古老以來就運作到現在，是集體的，是歷史的，不是只有你才感覺到。換句話說，你的任何一個想法，都是其他人想過的；你的任何一個情緒，都是其他人經歷過的；所以，不必對你的任何念頭、任何情緒做任何反應，就看著它，讓它自然地來，讓它自然地走，不必去驅趕它，也不必去抓住它。

當我鳥瞰到這個程式庫的運作，也突然頓悟：原來這就是人類累生累世煩惱的根源，而這程式是人類自己設定的，透過基因，透過教育，透過環境，讓這程式庫運轉得越來越有效力——於是我醒了，決定不要再被這個程

> 式繼續控制了，我已經到了程式庫的上方，體驗過不受程式庫影響的宇宙意識層，這就是我最終要停留的實相，所有的幻相，就讓它們在真空中消失吧。

——引自《心靈蛻變之旅》，暖暖出版社

在與智慧修行版的自己相遇後，我知道自己就是那個「智慧修行版自己」的通道，所以當我日後再遇到問題，我就會直接切換「智慧修行版的自己」來應對，通常還不必找解答之前就把問題破除了，為自己省掉後續很多要處理問題的時間。

方法三：借神佛之眼來升級自己的智慧等級

> 在佛音的靜心中，邀請佛陀意識進來自己的身心靈，我很快就進入狀況——我看到的畫面是，有一年到印度菩提伽耶所膽仰的一尊金身佛像，我就請祂進來我的意識，結果祂說：「不，應該是妳上來，進入我的意識⋯⋯」於是我上去，進到祂的金身座裡，祂正看著在下面的人，對他們說：「回家！回家！你們都趕緊回家！你們不必向我求什麼，我這裡什麼都沒有，快回家！」然後我看到祂幫每個人心中的小佛像點了燈，我還看到許多虔敬的人退到門口了還在拜，沒注意到他們自己心中其實就

有一尊剛被點亮的佛，我只見佛陀不厭其煩地一直說：「不要再拜了……快快回家去！回到你們自己心中的家去！」等到所有的人散去，就只剩下我與佛以蓮花座的姿勢靜坐著，靈魂處在深度睡眠的狀態，但身形一直變：從金身變成肉身，瘦成了皮包骨，然後腐爛，肚子先爛空，然後全身爛光，然後成了空骷髏，最後變成空……只留浩空的意識，是一種很豐富、蘊藏萬事萬物的空。

——引自《心靈蛻變之旅》，暖暖出版社

無論你是否有信仰，或是你信仰哪一個宗教都沒關係，你可以把光明神聖版自己設為生命模板，並將自己某一個平行身分設為禪師、牧師、修女……或是如神、如佛、如老子般地活在俗世中，活出頭腦清醒、內心平靜的狀態。

方法四：幫自己更新智慧軟體

我每天睡覺前，都會幫自己的生命徹底更換版本：觀想前半生所有的身心靈舊模式都被身體上方的巨吸盤吸淨，清光舊的振動頻率與印記，徹底換一個新的身心靈頻率版本，鎖定在：平靜與愛——在這個維度層級之上真的是雲淡風輕，什麼問題也沒有，徹底跟之前應接不暇地解決各種身心問題的狀態完全不同，在迷宮之中找出口非常耗神耗時，直接從原地升到迷宮上方就能瞬間脫困。

方法五：不玩就登出角色劇本

剛在前面提到：如果你看〇，你會看到空無；但是如果你洞穿它，你會看到整個世界，所以如果我的人生當機動不了，我就不玩這個劇本的角色，直接登出，刪除帳號，重啟重新設定，以保持我的清明無礙。

無論人生在低谷還是高峰，不管是富還是貧，智慧修行版的自己都不改神性佛性，這就是內在榮辱不驚、此生大圓滿、隨時隨地無憾的地基。

＊本堂作業

希望大家在上完這堂課之後，能以智慧修行者的身分活出今天的最佳版本，並把這堂課給你的提醒或方法，以及每日以智慧修行版自己體驗到的珍貴領悟，寫進在多維藍圖手帳上相應的空白頁中，並歡迎分享到我們臉書上「多重宇宙」的專屬社群。

第六課：先知預言版的自己

從**神聖光明版自己→榮耀天命版自己→全知全息版自己→時空旅人版自己→智慧修行版自己**，接下來要成為「先知預言版自己」就是水到渠成般地自然，許多電影都有演譯「未來版自己」幫「現在的自己」脫困的劇情，例如《水行俠》以三叉戟形狀的叉子暗示孩子未來的天命、《天能》從旋轉門出來的「未來版自己」過來帶領「現在版自己」，《薛西弗斯的神話》的「現在版自己」收到「未來版自己」的日記、現在版自己在牆上寫訊息向未來版的自己求救，《星際穿越》五次元的自己以書架上的書發送摩斯密碼給三次元的自己，《異星入境》透過夢境提醒現在版自己未來將

發生的事。前提是：現在的你如果會幫過去的你，未來的你也一定會幫現在的你，所以我們可以透過書寫來向未來的自己求救，與此同時我們也要會隨時去救過去的自己，這樣就能練就跨越時空的自救法。

此外，要把自己當成是預言未來的先知，就像是從《天能》的旋轉門中走出來**五年後的自己、十年後的自己、十五年後的自己、二十年後的自己**……來給現在的自己建議。這部分就需要你以先知般的視角大量閱讀、搜看資料，比方你今天看到一則關於未來的新聞資訊，例如：將來新的醫療技術、新的科技發明、新的生活型態與行為的預測、社會人口結構的改變等等，都可以先記錄在〈多維藍圖手帳〉中，然後從中挑選出你有興趣，或是跟你的專業有關，或是跟你的未來有關的線索，協助你先知先「決」。

電影《蜘蛛夫人》有一段經典臺詞：「**我們看見的未來，只是可能性，還是必然一定會發生？災禍可以避免嗎？阻礙是為了最高目的而被設定的？夢想可以成真嗎？**」越到亂世，人們越想透過各個先知們的預言來掌控人生、趨吉避凶，但我們忘了，自己也可以成為預言自己命運的先知者。當我們的維度提高，未來視野就能全方位清晰，鳥瞰各種可能的版本，處在自己預設的最佳頻率裡，以堅毅的決心與精準的行動，創造以自己天命為核心動力的浩瀚版圖，不動聲色地讓美好的預言成真，成為自己都羨慕的改變者。

我之前在《超能曆》設計「預行力」與「預視力」兩階段的自我訓練如下：

（一）未來預行力自我訓練：

透過《天能》的旋轉門，未來版的自己逆行到現在，
跟著我們一起順行，方向更清晰、行動更堅定。
——引自電影《天能》

請針對你目前的「未來預行力」先自我評分：________

步驟一：

未來有很多可能性，我們聚焦在哪個版本，就相當把那個版本的投射燈打開，向我們的現在投射路徑。讓我們連續練習七天，把時間調成一年後的今天，你最想要那一天怎麼過的？請發揮你最大的想像力與執行力，用「未來進行式的頻率」去虛擬那一天的過法，請這樣練習七天。

例如：想要在一年後的今天去希臘旅行，可以把電腦桌面設成希臘聖特里尼島的夕陽，聽希臘的音樂，看希臘電影，去希臘餐廳聚會，看希臘神話書，以 Google Earth 先去希臘虛擬旅行，讓夢想的頻率先為我們探路。

步驟二：

經過七天的練習，我們已經學會把一年後的自己，邀請到現在跟自己一起同步生活，這就是《天能》旋轉門的概念，而我們透過「擬真想像的執行」變成了真實。現在我們再把難度提高到「五年後的自己」，把時間調成五年後的今天，你最想要那一天怎麼過的？請發揮你最大的想像力與執行力，用「未來進行式的頻率」去虛擬那一天的過法，讓我們連續練習七天。

步驟三：

經過七天的練習，我們已經學會把五年後的自己，邀請到現在跟自己一起同步生活。在熟練了「進出旋轉門」，學會了「天能逆行力」後，接下來我們來練習幾種變化題：請寫下目前你最想要解惑的問題，然後以未來「已經知道答案」的自己寫下回答：

問：＿＿＿＿＿＿＿＿＿＿＿＿＿＿＿＿＿＿＿＿

答：＿＿＿＿＿＿＿＿＿＿＿＿＿＿＿＿＿＿＿＿

步驟四：

請寫下目前你最需要幫助的困難，然後請未來「已經知道方法」的自己給予最重要的線索。

困難是：＿＿＿＿＿＿＿＿＿＿＿＿＿＿＿＿＿＿

解困的線索是：＿＿＿＿＿＿＿＿＿＿＿＿＿＿＿

＿＿＿＿＿＿＿＿＿＿＿＿＿＿＿＿＿＿＿＿＿＿

＿＿＿＿＿＿＿＿＿＿＿＿＿＿＿＿＿＿＿＿＿＿

步驟五：

如果未來那位「連自己都羨慕」的自己就在你面前，你覺得你們之間的差異在哪？請寫下來你有、但「未來版自己」沒有的負向頻率：

＿＿＿＿＿＿＿＿＿＿＿＿＿＿＿＿＿＿＿＿＿＿

＿＿＿＿＿＿＿＿＿＿＿＿＿＿＿＿＿＿＿＿＿＿

步驟六：

帶著之前找出來的負向頻率，透過「天能旋轉門」轉換掉，直接進化成你心目中那個未來版的自己，這方法簡單到就像是方向盤向左或向右一樣容易，決定權在你。用這版本連續過七天來完成定頻。你在今天發現這樣的過法跟往常最大的不同是？你克服了哪些恐懼？完成了哪些以前不敢完成的事？包括敢於表達真實的自己？

步驟七：

當我們以七日完成了「未來版的自己」，就像是毛毛蟲變成蝴蝶後，就不可能再逆轉回去。今天讓我們再往上升一階：想像在你所有的各平行版本中，「最榮耀版的你」：會是什麼樣的呢？讓那個版本的自己從旋轉門出來，連續三天，直到變成我們的真實。你發現這樣的過法，與往常最大的不同是？

步驟八：

當我們以三天定焦「榮耀版的自己」之後，我們再往上升一階：想像在各個比地球更高文明的星球都有著不同版本的你，請先選定一個你最喜歡的、且維度更高的星球，然後請那位「星際版的你」從旋轉門出來，記錄今天的不同：

____

____

步驟九：

當我們以三天完成三階段異次元「星際穿越」之後，現在來進行最終極版的「天能力」：想像有個「創世版」的你還在宇宙大爆炸之前的狀態，這次換我們穿越「旋轉門」回到「創世版」的自己，會有怎樣的不同：

____

____

這階段訓練下來，你的「未來預行力」現在自評是：_____分，比最初你的自評分_____，進步了幾分：_____。

這次「未來預行力」特訓後，最重要的十個收穫是：

1	
2	
3	
4	
5	
6	
7	
8	
9	
10	

（二）未來預視力的自我訓練：

當我們的維度升高，未來視野就能全方位地清晰
鳥瞰各種可能的版本，以行動讓所選的預言成真

請針對你目前的「未來預視力」先自我評分：_____

步驟一：

上一階段我們以「時間」來練習「未來力」，接下來我們以「空間」來練習「未來力」。樹上的人比樹下的人更能看到兩分鐘後有誰會靠過來，所以請在附近找一棟可看到遼闊視野（至少三十五層以上）的商辦大樓或商場，如果附近沒有，可選擇以爬山的方式取代，或是將你所能找到的最高建築樓層分成五階段來練習。第一階段的任務是：從一樓往周圍看，你看到哪些人事物？然後原地「想像」自己如果到五樓所能看到的版圖會有怎樣的延伸？可以先畫下來，隔天帶到第五層比對之用，每天多五層，依此類推，我們可以接連練習五天。

步驟二：

帶著前一天預畫的視野圖，親自到三十樓往下看，跟你預視的有哪些不同？請用紅筆在前一章圖上圈畫出不同處，並到達這棟大樓的最高視野畫下全覽圖，以紅筆圈出你下樓後想體驗的地方：

步驟三：

許願不用設定時間，全部都只是調頻的概念。把注意力放在想要版本的可能性，而不是被困在現有的局限上。今天一起床，就幫自己設一個願望物，一整天就專注在這個物品上，看看是否能成功地顯化在你今天的生活中，並請記錄是以什麼方法顯化出來的？我們需要練習七天，直到變成熟練的心法：

願望物：

顯化的方式（它是怎麼出現在你面前）：

____

____

例如：一杯咖啡，一朵花，或是馬的圖形……

步驟四：

更高階的未來預視力是：你想要讓什麼成真，先在腦海裡清晰鮮活地看到、感受到，並把興奮的頻率置入其中，然後以毫不懷疑的行動力讓美好的預視成真。當我們練習完七天「顯化願望物」之後，今天開始以七天練習「創造夢想模型」，寫畫出來，然後以「立即的行動」讓夢想一「頁」成真：

步驟五：

今天讓我們練更高階的「未來預視力」：選一首感覺像是飛上天的音樂，閉眼冥想坐在飛機靠窗位，隨著飛機逐漸升空，窗外的視野越來越廣，讓幾分鐘前的自己留在地表上做對照組；隨著冥想讓升空的自己開始環遊世界，你第一個想去的國家是哪裡？你想在那裡完成什麼？你能寫畫出在那裡的自己，是一個什麼版本的自己嗎？我們來練習七個國家的虛擬環球旅行，讓夢想的腦神經連結，幫我們的未來先鋪路：

步驟六：

現在我們來練習最高階的「未來預視力」：想像整個宇宙都是我們的，但目前是全空的，你想要形成哪些星球／星系／星雲？你想在上面創造什麼？如果你的想像力能到達創造宇宙的等級，那麼將來 VR、AR 就能為你、為大家創造願景未來。請畫出你的虛擬宇宙星球／星系／星雲全覽圖：

步驟七：

接續你畫的宇宙全覽圖，請先選一顆主星創畫出細部，並幫它畫出周圍的衛星以及細部：

步驟八：

根據你所畫的虛擬宇宙圖，若未來能在實際空間（例如：餐廳、書店、商場）或是網路上成真，你覺得它可以是什麼網站、商品、空間或服務？現在就可以開始落實這項造夢計畫，直接完成連自己都羨慕的創世紀！

____

____

____

____

____

一個月下來，你的「未來預視力」現在自評是：_____分，比最初你的自評分 _____，進步了幾分：______

這次「未來預視力」特訓後，最重要的十個的收穫是：

1	
2	
3	
4	
5	
6	
7	
8	
9	
10	

此外，我曾設計過一本《預言曆》，透過每天的觀察與記錄，來預測明年、後年……七年後的自己會是怎樣的狀態。除了每天寫大事記、夢想與計畫之外，也可把當日新聞、趨勢的正向啟示寫在當日的格子裡，等隔年或幾年後看看自己受到這新聞的影響是什麼。

我把這本曆法的格式分享給大家，我們可以靠練習來逐日成為「先知預言版的自己」，做自己專屬且精準的未來人：

如果要達成夢想藍圖，你認爲先要完成哪件最關鍵的事？

達成時間
年 月 日

關鍵人	關鍵資源

關鍵步驟

記錄當日日期

記錄當日所發生的事情

寫下今日最大的感悟或啟示

記錄完成日期

記錄預言日期

在這裡填入對自己的預視或預言，或者你對未來七年的自己想要說的話

記錄當日真實發生了什麼

August 11th 8/11	你怎麼過今天就怎麼過未來
2025 今天看完《多維人生》，收穫很大！	

	調頻 | 聚焦 | 預視 | 決定	時間到，這天的版本是…
1	2026 開始環球旅行， 從印度開始！	
2	2027 根據當初寫的天命藍圖， 完成自己的第一本小說。	
3	2028 自己的第一本小說 拍成電影	
4	2029 成立自己的公益基金會	
5	2030 建立自己的 ×× 學校	
6	2031 建立自然生態村	
7	2032 完成 180 國環球旅行	

夢想索引

夢想	預言完成日

＊本堂作業

希望大家在上完這堂課之後，把這堂課給你的提醒或方法，以及每日以「先知預言版」眼光看到的未來商機、自己體驗到的珍貴領悟、心得，寫進在多維藍圖手帳上相應的空白頁中，並歡迎分享到我們臉書上「多重宇宙」的專屬社群，如果每一個人都能在這群互相觀摩、分享、交流、切磋、互動，我們就能瞬間串流成先知預視網。

第七課：校長知識版的自己

知識，是支持我們完成自己天命藍圖非常重要的資源庫，所以幫自己擬書影單、訂定計畫就非常重要。我在《AI 新天賦》提到：過去學校裡學的知識，在 AI 科技時代來臨時大部分都過期了，新的又來不及有系統地被建立起來，所以我們可以「多維版自己」在未來新地球生活的視角，預先設計並創建出自己的未來學校、學院、學科，以重新詮釋經典來建立地基，加上未來前衛科技如 AI、VR、AR、基因工程……透過全球未來趨勢的視角，幫自己建立新世界未來學，一邊建立學程、一邊學習、反思、創造、實踐 ── 我們可以參看馬斯克為自己孩子們辦的學校，不以年齡而是以興趣專長來分

班，老師會以未來可能面臨的現實世界場景，以遊戲與角色扮演的方式來訓練思考與應變。

擴大「校長知識版自己（以下簡稱知識版）」深度、廣度、維度的五個步驟：

步驟一：建立核心花蕊資料庫

我們在第三堂課畫的**全知全息天命藍圖**中的**核心天命**，就是主要建立的知識體系，可以就這個領域開始收集相關的書、資料、影片、演講、課程，做自己後天教育的校長，從偏才到全才，從左腦結合右腦進化成全腦開發。

步驟二：建立周邊花瓣資料庫

其次我們再擴及到其他有興趣、或是未來看好的項目，來同步建立周邊的知識影音資料庫。

步驟三：建立名人資料庫

透過對這個世界有巨大影響力的典範級名人傳記、紀錄片、電影、採訪資料……參考他們在尋找、確認、執行他的核心天命過程中遇到哪些阻礙、怎麼克服，最後是怎麼找到、做出哪些努力、形成怎樣的知識體系，並漂亮完成自己的天命？例如：

藝術家：達文西、米開朗基羅……
運動員：柯比、老虎伍茲……
科技創業家：比爾蓋茲、賈伯斯、馬斯克、貝佐斯、黃仁勳、奧特曼……
音樂家或歌手：貝多芬、席琳迪翁、貓王、泰勒絲……
企業家：稻盛和夫、查理蒙格……
建築師：安藤忠雄、貝聿銘……
德國森林生態作家： 彼得．渥雷本（傳記電影：《自然就樹美》）……

步驟四：建立英雄典範參考資料庫

可以輔助看「英雄之旅」的相關書籍、資料或影片，做為自己實踐核心天命的知識體系架構。例如在《水行俠》、《阿甘正傳》、《拉辛正傳》、《心中的小星星》、《后翼棄兵》等電影或影集中，參考他們在尋找、確認、實踐自己天命的過程中有哪些知識或是智慧金句是他們重要的啟蒙？

我們可以把因羨慕而投射到名人、偶像、漫威電影英雄人物身上的能量與潛能，全都收回來發展多元／多版本／多維度的自己。同時也可在看書、看電影、看影集時同步記下對知識版自己的啟發，例如：

電影《奇異博士 2》，裡面有至尊版的、各種版本的、還有暗黑版的奇異博士，他們彼此之間有何不同處？有何相同處？彼此之間如何互動、切換？

電影《蜘蛛人：無家日》中，三位蜘蛛人的分身：彼得一號、彼得二號、彼得三號，他們之間在個性上、版本上有什麼不同？他們之間又有什麼共同的天命任務必須一起協同合作？

電影《洛基》中，不同版本的洛基所造成的實相、引動的劇情有什麼不同？

電影《媽的多重宇宙》中，楊紫瓊也有很多個版本：洗衣店老闆娘、明星、武功高手、石頭……她在其中切換的秘訣就是：「做出不符合原來那個版本常理的事」，這也呼應到之前提到很平行世界觀的電影《全面啟動》，上下電梯的每一層，代表不同平行世界的人生版本，最底下那層是最暗黑版的，最上面那層是最光明版（就像是我們手帳的結構），不同電梯樓層代表不同頻率創造出來的不同實相，而各層之間的物理邏輯完全不同，還記得有一幕：當兩棟大樓併成垂直角相連，李奧納多還能垂直走到另一個平面建築的那一幕嗎？

步驟五：創辦自己的學校

你們也可以拿一張大的白紙，為你的未來學校大膽狂想出至少四個（或以上）的科系，最好要涵蓋「創意」、「表達」、「美學」三大領域，讓自己全面、全能、不受限於自己的專業，這幾個身分就是「協同性人格」，也就是我說的身分「陣」，將這些不同個性的身分，以不同版的自己同時顯化。在一天不同時間段內輕鬆切換。

除了為創建出自己的未來學校，隨時跟上未來前衛科技如 AI、VR、AR、基因工程……以全球未來趨勢視角，幫自己建立新世界未來學，串聯全人類心智意識場域，形成地球精神體記憶庫與檢索系統，最重要的還要帶領更多人一起轉型與學習，這是一種利己利人的教育傳承——成為有知識體系的未來學校校長，是每一個人的必要身分。

＊本堂作業

希望大家在上完這堂課之後，把這堂課給你的概念或金句，以及以「未來校長」眼光來過今天的珍貴領悟、心得，加上「建立知識版自己」的構想、體系建立過程、書影單……寫進在多維藍圖手帳上相應的空白頁中。

第八課：暗黑幽谷版的自己

如何蛻變暗黑幽谷版的自己？

榮格心理學中：「陰影（shadow）是意識覺知不到的層面，是內在的盲點，將它投射在生活周遭的人事物上，而深深的影響我們的人生；陰影其本質來自『集體潛意識』中的原型，是與生俱來的，是人性的一部分，在人類世代繁衍下不會消失，因為它是人類生存的機制。我們一生都耗盡氣力不斷隱藏或對抗自己的陰影，讓自己不斷地受傷，卻又不肯承認它的存在，卻忘了陰影是我們心靈的一部分，是保護我們生存的機制。心靈整合需要勇敢直面、擁抱陰影，才能讓我們成為完整的自己。」

所謂的暗黑幽谷版自己，可以解釋為：因過去創傷未療癒好、所造成的人格陰影或是負向木馬印記；或是此時此刻正面臨人生黑暗低谷期，如但丁《神曲》所說：「在人生中途，我進入幽暗森林，正確的道路已然模糊。」請注意這裡指的黑暗不是因為自責或是別人的批判所造成，而是你為何會受到別人的影響才是核心要解決的問題。記得自己永遠不會是別人眼中的壞人、也不是好人，你是你自己。

很多人會刻意壓抑自己的黑暗面，一味地追求正向光明。但有陽光就一定會有黑影、有白天就一定會有黑夜，每個人都會遇到至暗的時刻，每個人都一定會有暗黑面，選擇不去面對，其實就失去陰陽互為太極動能的可能。要成為完整的自己，不是只有盡量讓自己光明這麼簡單，怎麼將內在黑暗面轉為蛻變的力量才是真正的關鍵。

借鏡別人怎麼面對並蛻變、轉化生命的黑暗面？

《我可能錯了》：我們在安然無事中學習，在風暴時才會想起——每一位在檯面上引領大家的人物，一定都經過重重黑暗面的考驗，無論是被遺棄、被排擠、被霸凌、被羞辱……或是遭受過重大挫敗或傷害事件，我們可以從名人的傳記、紀錄片、新聞報導中看他／她是怎麼度過人生至暗的時刻？趁我們現在還在寧靜期時好好演練，以備不時之需。

我們也可以借助許多漫威、好萊塢電影裡的英雄人物，看他們是在哪些契機點上爆發出他／她們的超能力，例如：蟻人、水行俠、蝙蝠俠、蜘蛛人、奇異博士、神力女超人、冰雪奇緣的艾莎公主、魔法壞女巫、復仇者聯盟……所有對立面都是來自黑暗版自己的投射，例如：哈利波特 vs 佛地魔，其實就是面對自己的心魔；例如：《分歧者》最後一關的考試就是面對黑暗面自己的羞辱；《時間的皺摺》裡的考試則是誘惑她願不願意成為更美的自己……反觀我們自己，在遇到類似的情況時，我們有沒有辦法直面暗黑版的劇情、暗黑版的自己，超越二元對立劇本，啟動合一的潛能，將暗黑的能量蛻變成一個有正向創造力的身分版本，而不是把自己捲進自毀毀人的無限深淵中。

如果大家已經開始看典範級名人的傳記、紀錄片、電影、採訪資料……或是研究電影、影集主角，或是正陷入負面新聞的名人成長史，就會發現，他們都會經過人生黑暗期，特別是來自原生家庭負向印記的創傷，不管是貧窮、家暴、親人突然離世、被追債、被遺棄……等，如果能順利蛻變或轉化，他們的人生就會開始往光明的方向走；但如果一時半刻還沒轉化，有的例子還會進入一段人生荒唐暴走期，例如：犯罪、憂鬱、暴力等，然後要付出很大的時間與金錢的代價才能返回正途。

過去我們在看別人的故事時，經常會把自己當觀眾來看，而忽略了這其實是最好升維人生的機會，就像是開車聽廣播路況，如果聽到前面你打算要走的路發生交通事故造成大塞車，你就會改道而行以省掉困在車陣裡的時間。我們在看別人的故事或新聞時也可以比照辦理，多加一個思考視野：他是怎麼進到身心或生活的困境中？往前有跡可循嗎，有徵兆嗎？如果我們重新再過一次他們的人生，我們可以怎麼重新選擇？這樣的視角與思考，相當於我們架設了一個鳥瞰他們人生的 GPS，這個視野能為我們的未來提出警示，就像在某路段有淹水坑要避開、在某路段有測速照相所以要減速，在某路段有酒測等等。當人們在面對低潮、憂鬱、挫敗、經濟困難、想要更多發洩、渴求更多愛與金錢時，於是黑暗的誘惑就來了，有人會沉溺於酒、毒品、賭博、瘋狂消費、混亂的情感關係，從他們的影片資料中，也多半看到：要從上癮的深淵爬出地面光明真的很不容易，可以參看紀錄片《米其林母子檔》。

就像強尼戴普的酗酒問題造成了夫妻關係、個人形象、工作瞬間受到影響；還有在奧斯卡頒獎典禮上打人的威爾史密斯，也讓他從演藝事業的巔峰瞬間摔落神壇……如果我們透過一位位負面新聞中名人的採訪、紀錄片、傳記，去研究他們過去受過哪些傷，還有哪些創傷印記裡埋下了他未來人生的地雷，這些都是我們很好的借鏡，提醒我們要深度掃毒，並且盡快清理過去埋藏在自己將來的未爆彈，讓自己遠離風險，或是能在關鍵時刻化險為夷。因為在展開多維創造版的人生之前，必須要先清除過去創傷的負向印記，也就是暗藏在我們未來命運劇本裡的木馬程式，恢復到清明無染的原廠設定後，才能建立新的、天命頻率的人生導航系統，方能無礙無亂、輕鬆且毫不費力地綻開出我們的多元豐盛的人生。

但我們最終要練習：不必再把自己的力量投射給漫威人物，要做自己的英雄，轉化自己的暗黑為起死回生、創造藝術的動力，就像撐竿跳，我們藉著撐竿跳到那高度後，就要放開竿讓自己翻躍過去這個坎。

畫出自己的生命週期表，找出自己的暗黑低谷週期

關於週期，有人是拿來預測經濟趨勢，有人用來觀察生命波段的起伏。之前比較多人的說法是：人生每七年一次大轉變（可參看《7 Up》、《14 Up》、《21 Up》、《28 Up》、《35 Up》、《42 Up》、《49 Up》、《56 Up》、《63 Up》系列紀錄片）、也有的是說人生逢九就有一個關卡；我是近期一位研究印度吠陀占星的朋友提醒我：你沒發現你現在五十四歲跟你十八年前，三十五歲的心境很像嗎？於是我就列出五十四歲、三十六歲、十八歲的我各發生哪些大事（虛歲實歲我一起看），果然我人生三次重大低谷期都落在十八的倍數，無獨有偶，作者：Akhil Patel 寫的《全球經濟 18 年大循環》也提到美國及全球經濟景氣十八年為一個大循環，過往發生經濟危機的年份：1819、1837、1857、1873、1893、1907、1930、二次大戰中斷景氣循環、1973、1991、2008，接下來就是 2026 年。

我每隔十八年都發生人生重大挫折摔到谷底，然後緊接著反彈開始下一波人生高峰，現在回想起來都覺得很離奇、很莫名其妙、很難避開，彷彿是命定的：至於我是如何歸納出自己的生命週期？以我為例（紅字為逢 18、藍字為逢 7、綠字為逢 9）

我的 18+7 年生命週期表

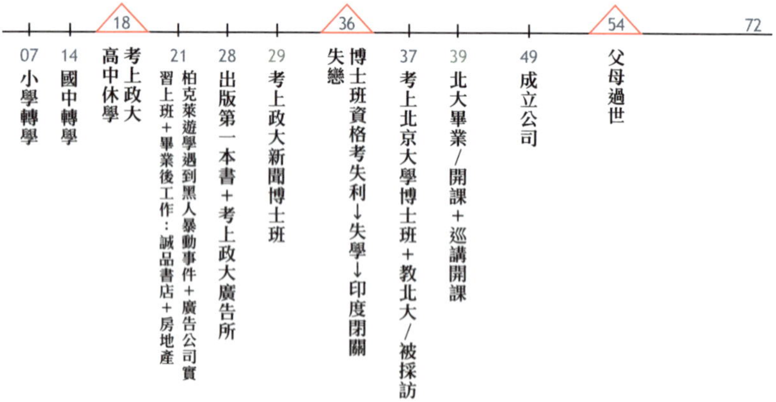

實 7 虛 8 歲：小學時從私立轉學到公立，非常不適應。

實 14 虛 15 歲：國中二年級轉學，進入更可怕的升學班。

實 17 虛 18 歲（逢 18）：高二逃家、逃學、休學、考轉學

進中正高中遇到甘訓賓老師（可參見《十四堂人生創意課》前文）

實 18 虛 19 歲（逢 18 ＋逢 9）：從全班最後幾名到聯考那天衝到全班最高分，進了第一志願：政大廣告系。

實 20 虛 21 歲：大學三年級去美國柏克萊大學遊學遇到 People Park 暴動事件，到意識型態廣告公司實習的第二天就被留下來擔任文案工作，進入半工半讀狀態。

實 21 虛 22 歲：大學四年級成績很好還拿到全校唯一的獎學金，畢業，離開廣告公司，到誠品書店做兼職文案，但同時也在一家房地產公司擔任正職文案，那時遇到臺灣房地產市場開始起飛，工作第一年公司就招待我們員工旅遊去歐洲五國，開啟了我想環遊世界的夢想。

實 27 虛 28 歲：出版第一本書《誠品副作用》進到暢銷榜＋考上政大廣告所碩士班，到紐約自助行在 911 事件前一天離開紐約，到中原大學教廣告文案課。

實 28 虛 29 歲：廣告文案課程結束後寫出《十四堂人生創意課》，至今也再刷了四十多次。

實 29 虛 30 歲（逢 9）：政大廣告所碩士班畢業後，考上政大新聞博士班。

實 34 虛 35 歲（逢 7）：政大新聞博士班資格考沒過＋失戀進入重度憂鬱症，去印度閉關修行二十一天，進入瀕死體驗、與未來的自己對話意外開啟靈通能力將過程寫成《夢．前世．靈魂之旅》（現改版為《心靈蛻變之旅》）

實 35 虛 36 歲（逢 7 也同時逢 18）：考上北京大學新聞與傳播學院廣告組，同時應聘任教北大的廣告文案課，並兼念了半年北京中醫藥大學。《誠品副作用》、《十四堂人生創意課》出簡體版，銷售成績很好，採訪、演講與講座邀約不斷。

實 39 虛 40 歲（逢 9）：取得北京大學博士學位，在兩岸出版多部作品。

實歲 42 歲（逢 7）：二〇一二年與友人合著《2012 重生預言》，加印十六刷。

實 49 虛 50 歲（逢 9）：在北京與友人們創辦線上線下課程公司，出版《人類大疫考》。

實 53 虛 54 歲（逢第三個 18 年）：二〇二三年母親在打完三劑新冠疫苗後半年多過世，父親打完三劑疫苗後沒多久就發現罹患胰臟癌四期。

實 54 虛 55 歲：二〇二四年父親過世。辦完葬禮後開始環球旅行十多國。

大家也可以整理畫出自己的人生週期圖，以每 7、9、18 為單位回顧當年大事紀，比對週期前後，看看有哪些情節重複？自己總是收到哪一類型的考題？當我們看到自己的歷史不斷重複，我們才能決定不再重蹈覆轍。

追問自己，找到暗黑版自己的源頭：

經常糾纏我們的心魔，往往就住在我們靈魂的最深處——我們可以全面審視自己，一路往下無限深問自己的內心這些問題：

這一生中截至目前為止：自己最不滿意自己哪些地方？

最害怕什麼？

最焦慮什麼？

最看不慣什麼？

最討厭什麼人事物？

最生氣的是什麼？

最遺憾的是什麼？

最後悔的是什麼？

最哀傷的是什麼？

最感到無力感的是什麼？

最自責、內疚、羞愧的是什麼

最不能原諒的人或事是什麼？

感到最不平衡的是什麼？

感到最不甘心的是什麼？

自己最依賴什麼？

自己對什麼上癮？

自己最渴求什麼？

對什麼求不得苦？

自己對於買什麼，或囤積什麼上癮？

自己最在意被別人怎麼批評？

自己最喜歡被別人怎麼稱讚？

生命到最後一刻時，自己會感到什麼情緒？什麼心情？

寫完之後，逐一找出根深柢固的負向木馬源頭印記，就在今天好好燃燒、蛻變所有黑暗為光明，讓自己不再重蹈覆轍原生家庭的負向木馬印記，這部分請大家詳看《人類木馬程式》、《原生家庭木馬快篩》、《黑暗也是一種力量》、《內在陰影療癒日記》等書，把暗黑幽谷版的自己轉換成燃料，做為自己的創作與助人的動能。

設立人生最低底限與更高版本：

人在遇到低谷時，最能夠知道自己的底線在哪裡，也最清楚自己究竟是個怎樣的人，所以我一直把弘一大師這段話做為自己的座右銘：「與人為善，福雖未至，禍已遠離。與人為惡，禍雖未至，福已遠離。因果有輪迴，蒼天饒過誰，你只管善良，把一切交給時間。」所以我們要幫自己設人生最低底限（安全網）與更高版本（上岸目標），最低底限可以是：保命（活下來）、遠離風險（化險為夷）、善良、不害己害人、身體健康做為自己人生的安全網，更高版本可以是：智者、完成自己天賦代表作、影響或幫助更多人、時間自由、財務自由……自己視當天的狀況來調整。

此外，我們還可以擴大人生相對底限與更高的視角：

（1）目前所見誰比你糟：

例如，哪些本來風光的名人正在打官司、正在鬧離婚、正在高度債務中、家裡正發生火災、正在生病……當你在抱怨自己現況時，可以對照他們來提醒自己：現在應該珍惜什麼、感謝自己現在還擁有什麼，我們的現況就是相對底限，就像野心版自己的煞車，或是衝浪版自己的救生繩。

（2）目前所見誰比你好：

例如，在自己的領域中，誰的作品得了大獎、誰的演唱會、誰的代表作大成功……這可以激勵自己把目標放在更高「榮耀版自己」並做為可視化的積極想像，就不會被周圍雞毛蒜皮的事，岔開了自己應該放重心的焦點；或是就把這個「目前所見典範者」視為是未來版的自己，隨時救援需要幫助的自己（自助天助）。

快速提升暗黑幽谷自己的方法：

如果想要在最短時間把自己拉出暗黑幽谷，可以有下列三個方法：

（1）隨時隨地感謝眼前十件人事物，有助於快速拔離越陷越深的泥沼。

（2）幫助跟自己有相同遭遇的人，把創傷使命化，這就是以「神聖版自己」替換掉「暗黑幽谷版」自己的切換人生頻道之捷徑，大家可以參看《了凡四訓》裡面提到的改命造命法。

（3）把當下的頻率對齊「榮耀版自己」，心念情緒頻率是我們進出不同維度、不同時空版本的「鑰匙／遙控器」，因為我們的精神宇宙只需一念之差就分裂，正所謂一念天堂一念地獄。

＊本堂作業

希望大家在上完這堂課之後，把這堂課給你的概念或金句、還有自己體驗到的珍貴領悟、心得，以及你「怎麼蛻變暗黑幽谷版的自己」的方法、寫進手帳上相應的空白頁上。

第九課：療癒身心版的自己

每個人在生命中多多少少一定都會遇到挫折、創傷、不如意的事，但我們怎麼面對這些創傷的心態，就決定了我們的未來。當自己或旁邊的人身心出了問題，就可以切換到療癒版的自己——唯有自己所需的都不外求，你希望從別人那得到什麼，你就先自己成為什麼，如此才能讓自己趨近完整、趨近全知全息。

所以我們要建立一個療癒版的自己，而不是一直倚賴別人來救我們脫困。當我們能療癒自己時，將來也就有能力療癒別人，於是我們就多了一個療癒者的新身分。

我們要如何建立並執行療癒版的自己？以下跟大家分享六個方法：

（一）借鏡別人怎麼面對並蛻變、轉化生命的黑暗面

平時我們要特別研究掉落到低谷期的名人是怎麼脫困的？是看到哪一本書、哪一段話？或是受到誰的啟發？或是遇到哪一位貴人或老師？或是去了哪一趟的旅行、領悟到了什麼？或是他是怎麼想通的？或是他如何把這些黑暗轉為創作？怎麼逆轉勝的？這些就是擺在我們面前的脫困指南大全，就像第九十屆奧斯卡金像獎最佳紀錄短片獎《天堂大塞車》裡的女藝術家明迪．阿爾珀，她受創的童年經驗，讓她長大之後的身心百病叢生，每天都要吞焦慮症、憂鬱症、胃藥等一堆藥丸，直到她遇到一位藝術老師，啟蒙了她以繪畫與紙漿雕塑創作，因而轉變了她的一生。

（二）從自己現在重複面對的問題，循線找到原生家庭的負向印記

無論是因負債、疾病、意外、人際與家庭關係破裂……不管是被哪一類型的問題困擾，都有線索能直指、直接對應到自己的原生家庭，所以大家可以比照《原生家庭木馬快

篩》的書，以紙筆列出三代家族史，寫完之後直接用紅筆圈出你**與原生家庭父母相同或雷同**的部分，並找出你無意識或潛意識「被繼承」的負向印記。當你以更高的維度視野、看你的整張三代家族史，你才會恍然大悟原來自己完美複製了原生家庭的劇本模組：有的是把「強勢的爸爸」複製貼進了男友、老師、先生、老闆、主管或自己身上；有的是把「控制型的媽媽」複製貼到女友、老婆、岳母、婆婆、老闆、主管、老師或自己身上……嚴重時甚至如「家族印記」般代代相傳而不自知，就是我常形容的「負」三代。只要你一眼看到這印記就會瞬間懂了、醒了，就相當於讓你倒轉看到最初「被」放地雷的源頭，以及後續不斷重複引發、連鎖崩毀的故事情節後，就有機會加速跳脫重蹈覆轍的劇本。就像電影《楚門的世界》裡主角楚門（Truman），一辨認出擬真的布景牆後就義無反顧地走出去，也像是電影《駭客任務》（*The Matrix*）裡的尼歐（Neo），醒悟出離母體矩陣（Matrix）之後，就無法假裝若無其事地回去「繼續昏睡」，而這種覺醒是不會退轉的。

只有醒來的人才知道自己沒在夢裡。「瞬間醒來」意味著省下大把「忙著複製原生家庭負向印記、投射問題到周圍身邊的人、衍生出更多的問題劇本、然後又忙著解決問題……的惡性循環、永無止盡惡夢迴圈」的時間，多出來的時間就可以全力發展自己的天賦、天能、天命，無懼且自由地探索並創造自己的豐富人生，而不是把寶貴的生命養分拿來滋養負向木馬雜草。也就是說，只要現在還身處於忙、累、不健康、不快樂，目前還把大部分時間拿來努力賺錢、努力尋愛、努力完成一個又一個的目標成就……眼前與未來始終像是填不滿的無底洞，永遠有無法滿足的匱乏感、無力感，那鐵定就是還沒拋棄繼承原生家庭的負向印記，一旦清除之後，最明顯的徵兆就是「能做自己想做的事的時間突然變多了、行動力變強了、情緒地雷變少、頭腦清楚清明、內心寧靜不苦」。

所以大家可以進一步透過《人類木馬程式》、《原生家庭木馬快篩》的書，快速搜出原生家庭代代相傳的**核心負向印記**，「瞬間醒來」並勇敢大膽地拋棄繼承，鎖定新的命運版本後才能從負向的家族命運劇本中脫困，將這些創傷轉為重生的燃料動能。

（三）每日徹底淨化自己的身心靈：

在晚上洗澡、沖澡或泡澡時，讓心腦壓力與重擔，透過想像自己在充滿淨化之光的溫暖水瀑裡，沖刷掉自己的舊細胞及沉重的情緒印記，然後進房睡覺前，想像把自己叨叨絮絮的頭拔起來、關機、把包袱卸除放在門外，也把自己的姓名、身分、角色……如脫掉外衣般整件放在臥房外，只帶一個「無煩惱」的身體上床睡覺；如果躺在床上還有念頭，就提醒自己：腦已經關機放在門外，並觀察自己下一個還會跑出來的念頭是什麼？只要透過觀察，念頭投影機就會自動關閉。

接著想像自己像一片羽毛那樣輕盈，無事一身輕地飄到床上，想像床就是自己的回春聖殿，透過一晚好眠，重新恢復到七歲時年輕版的自己。此外，讓身體自己做主，累了就去休息或睡覺，盡量睡到自然醒，醒來了就做點事，不累就不要勉強自己去睡，盡可能不讓自己的焦慮「控制」自己的生理時鐘，先還給身體百分百的自主權，至少先實驗七天看看。

還有一個隨時調頻的方法：每一次呼吸時，都把吸氣當成是剛出娘胎的第一口空氣，吸飽吸滿，吸到頭頂以及全身，然後把氣暫停在身體裡的每個細胞；吐氣時則當成人生最後一口氣，把所有的重擔壓力、焦慮擔憂全都一次吐盡，讓自己釋放淨空、恢復原廠設定，並隨時化緊張為覺知、化焦慮為寧靜、化恐懼為力量，來調和交感與副交感神經。

（四）從自己的低谷週期找到起死回生的力量：

在〈暗黑幽谷版自己〉提到我的十八年生命週期表，我後來再做一次回顧自己的重生史，這次特別把下一個週期比上一個週期多了什麼寫下來，來練習更新生命版本，比方：三十六歲的我比十八歲多了「出版十多本書、拿到政大廣告系、廣告研究所碩士文憑、大學講師身分」；五十四歲的我比三十六歲的我多了：北京大學博士身分、北大講師身分、我的許多書都出版了簡體版、買了自己的房子並付清貸款；達到財務自由的經濟水平。所以當我跌進五十四歲母親、父親接連過世的哀傷期，我就必須以七十二歲的我來預設這十八年我打算多「完成什麼」，來做為自己接下來從低谷反彈的動力。大家也可針對自己的生命週期表來預設下一階段的目標。

李欣頻的 18 年生命週期表

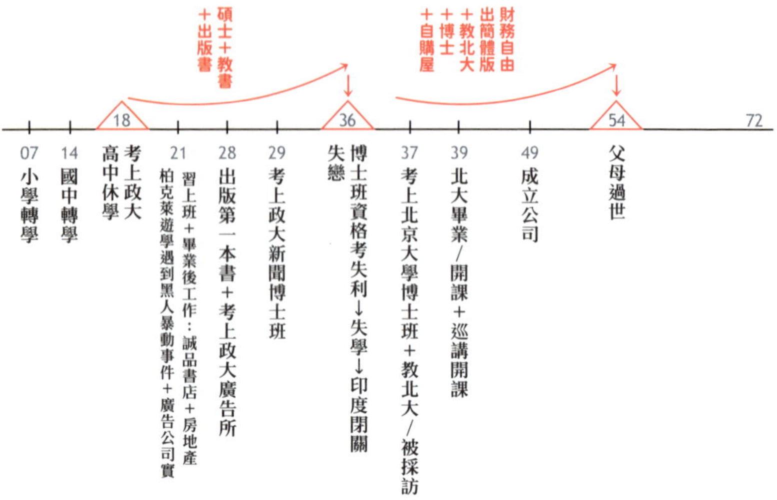

（五）幫自己的生命徹底更換版本：

每當自己的生命當機、運行速度越來越慢，我就會幫自己的生命徹底更換版本，步驟如下：

（1）清光舊印記：

找一首長達八小時以上的靜心音樂，為自己的人生做總回顧並去蕪存菁，觀想前半生所有身心靈舊模式，快篩並淨除舊的不適用的木馬模組，都被身體上方的巨大吸盤吸淨，把自己生命中的障礙物一掃而空，障礙物可以是自己受限制的信念，或是讓自己停滯不前的負向木馬情緒，例如：憤怒、嫉妒、恨、恐懼、害怕、恐慌、焦慮、哀傷、挫敗、無力感……藉著音樂一邊掃除負面、淨空自己，清光舊的振動頻率與印記，置於死地而後生。

（2）轉換新頻率：

徹底換一個新的身心靈頻率版本，然後鎖定在平靜與愛的維度層級之上真的是雲淡風輕，什麼問題也沒有，徹底跟之前應接不暇地解決各種問題的身心狀態完全不同，因為舊維度在迷宮之中找出口非常耗神耗時，直接從原地升到迷宮上方就能瞬間脫困。

（3）孵出新人生：

想像在宇宙的子宮裡孵化、並誕生出一個新版的自己，這版本的自己已是最高頻率版本，而且隨時更新。

（4）激活新身體：

想像自己的身體是全新的，還在原廠設定的狀態，可以放一首較輕快的歌，想像這是我們從生命基底開啟運轉的全新動能，激活新身體的每個細胞，讓全身心跟著伸展彈性，一邊輕晃一邊放鬆；然後再選一個漸快的音樂，讓自己的動能越來越強，想像外在的環境也開始轉動，外在環境跟我們合而為一。

（5）連結愛泉源：

想像自己的肚臍還有一條臍帶連到宇宙子宮，這條臍帶源源不絕向我們輸送愛的泉源養分，從此我們的愛不匱乏。

（6）信任安全感：

想像自己原廠設定就已設好滿格的愛、信任、安全感，在上方有顆始終看護好自己的希望衛星 GPS，永遠指向美好的未來，只有相應良善能量頻率的人事物才能靠近我們。我們的內核穩定，無論外面多麼動盪，情緒都可以維持穩定、內心可以保持不動，頭腦清楚、內心平靜。

（7）啟動大勇氣：

我們已配備好最新版的自己，不僅不再害怕高速變動的未來，我們還能善用這個變動做為我們啟動強大勇氣的動能，召喚地水火風空五大元素來合力共創願景。

（8）連創意雲端：

想像自己有一組專屬的帳號密碼，隨時可以連上智慧與創意的腦雲端，隨時可以下載、更新到最高階，預視未來全球趨勢提前做好準備，擬定毫不費力輕鬆完成的行動方針，大膽地為自己創造更多元、更有創意的風潮。最近有一部電影名為《我獨自升級：二次覺醒》（*Solo Leveling：ReAwakening*），我們則是帶著全人類天命藍圖的終極覺醒（The Leveling Blueprint For All Mankind： Ultimate Awakening）。

（六）對齊神聖版自己：奇蹟＋不病＋助人的維度

剛提到讓暗黑幽谷版自己快速升維的方式，就是對齊神聖版的自己，當我們拔升到這個奇蹟／神蹟的維度，不僅不再有「總是讓自己生病」的潛意識，生活上也非常重視養生，自己身心的療癒經驗結合 AI 可以幫助更多需要的人，讓大家知道我們來到此人間是來體驗的、不是來害怕擔心、更不是來背罪受苦的。

＊本堂作業

希望大家在上完這堂課之後，把這堂課給你的概念或金句、還有自己體驗到的珍貴領悟、心得，以及你「怎麼療癒自己身心」的方法、寫在多維藍圖手帳上相應的空白頁中，並歡迎分享到我們臉書上「多重宇宙」的專屬社群，彼此觀摩、切磋、交流、有助於同學們形成人生療癒互助體系。

第十課：超能力量版的自己

找出讓自己失能的木馬程式：

一般人面對命運有三種態度／階段：

宿命：我命由天不由我

抗命：我命由我不由天

天命：我命由天也由我

很多人其實是有夢想、有願景、有計畫的，但為何一旦要開始執行時卻困難重重、卡關連連，久了就失去動力、慢慢就變成了習慣性的拖延症，這其實跟原生家庭有很大的關係，比方長期被父母或養育者打壓、批評、苛責、抱怨，久了就沒自信也失去力量，活活地把天命耽擱成了宿命。

我們可以用以下三個方法，來幫自己重建信心、恢復原力，成功建立並執行超能力量版的自己：

（A）寫下「認為自己不夠好的缺點、弱點」是什麼？
（B）然後轉成「正面有力量的方式」來重新詮釋、全新定義，你的缺點弱點會蛻變成怎樣的優點、強項？
（C）寫出你找不到天命，或是很難完成天命的理由。
（D）請列出你目前的主要夢想清單，列完後再寫下：

1. 如果哪些部分沒完成會怎樣？

例如：有人想要拍叫好又叫座的電影並得到奧斯卡獎，要問自己的是：請問是電影沒拍出來比較沮喪，還是沒得獎沮喪？難道會因為可能不得獎或賣座不如自己的預期就不做這件事嗎？

2. 如果哪些部分沒成真，你覺得可能是什麼原因？你的感覺如何？

而這些負向的感覺，其實就是烙印在你靈魂深處許久的負向木馬印記。

3. 你覺得做這事，有沒有可能不賺錢或賠錢？你會因為不賺錢或賠錢就放棄這個夢想嗎？ 如果突然變超級有錢了，你還會繼續你的這個夢想嗎？如果突然變成身無分文，你還會繼續你的這個夢想嗎？

如果你的答案是「不會繼續這個夢想」，就要追查自己的潛在木馬，並找反例來破除木馬。例如：對於馬斯克來說，無論是快瀕臨破產，或是已成為世界首富，他想去火星的夢想都不會改變，這就是天命頻率。

4. 在這個夢想完成的過程中，你特別想給誰看到？或是想讓誰知道？

如果你的答案是「我一旦完成了環遊世界，我想讓我媽媽、前男友、前男友的現任女友知道」，表示你還活在這些人的看法中，你就無法完全把時間與焦點放在自己真正關注的事情上。

5. 如果完成了夢想目標，你覺得自己會變成怎樣的人？如果沒完成夢想目標，你覺得自己是個怎樣的人？

如果你的答案是：倘若我出書了，我就能跟我爸媽、拋棄我的前女友證明我是個作家，不是 loser / 失敗者，但如果我寫不出書，我就成不了作家，我就是個失敗者——表示你的夢想不是你的，是為別人而做的，這兩句就是木馬快篩專門來掃毒虛假夢想，請把這個「偽天命」從你的夢想清單中劃掉，你才能聚焦在真正的天命。

6. 如果明天突然要離開地球生命，你沒做哪一件事會感到遺憾？

請用直覺回答這個問題，如果你的答案與你原設的夢想是同一件，那麼請現在就開始行動。我的方式就是真的把當下這一年視為最後的「圓夢期」，然後把這件「天命夢想」拆解成幾個環節，開始逐日逐夢踏實。最重要的是要以「不遺憾清單」取代「夢想清單」，假設今天就是生命終點，你遺憾哪些未完成的事？請從最遺憾到比較不遺憾的排序下來，因為「不遺憾清單」的思維跨度，比「夢想清單」更接近生命終點與生命本質，也可以說是「純度比較高的夢想」，請好好把握當下，來完成你拖了好幾年的天命之夢。可以參看電影《一路玩到掛》、《她們玩到掛》。

7. 你有拖延症嗎？如果夢想完成了，你覺得可能會有怎樣的問題？

如果你的答案是：夢想完成後會感到很無聊，表示你並沒有對夢想真正熱忱，你只是拿來打發時間，當你沒有熱忱，自然就沒有動力，當然就會變成拖延症了。

重建超能力量版自己的四個方法：

方法一：寫出你最害怕什麼，找到你的弱點、進而回填你的自信地基

很多時候，我們的害怕都是繼承而來的，比方小時候看到父母為了錢吵架，於是對於金錢充滿了各種恐懼的負向印記，我舉我一位學生的例子。她的問題是：她爸爸賭博欠了很多債，媽媽做家庭手工辛苦養大孩子，這對她造成的影

響是：**她很害怕自己沒錢**，所以不會先問自己喜歡做什麼，而是想辦法找賺錢最多的工作，或是會去找一份穩定的工作以確保固定收入無虞，於是她潛意識就設了障礙板，擋住了「她喜歡的事會有金錢財富」的可能，加上她對父親賭博的痛恨，這樣的不安全感讓她高度管控先生的財務，不允許先生有自己花錢的自由，導致夫妻經常為了錢吵架。而她的現況是：她的母親跟她借錢去投資失敗……只要她還有金錢木馬破口，這破口就是恐懼錢不夠，無論她再怎麼防範，錢還是會在她意想不到或是無法拒絕的人事物中漏財出去。所以她必須徹底替換掉對於錢的負向感受、記憶與不安全感，轉為正向的信任，包括信任自己與伴侶，以自我接納取代自我批判、自我譴責，隨時提醒自己：「父母吵架是他們的事，與我無關，我沒問題，我是有力量的自己。」透過這組新的設定來改寫成未來新的、有勇氣的生命劇本。記得，接下來的每一思、一言、一行，都要一一檢查：這是哪一個版本的自己？是「無力改變、無力行動版」的自己？還是「相信自己有力量」版的自己呢？

建立並執行力量版的自己其實不難、只要徹底清除原生家庭在我們身上的負向印記，轉換掉「因害怕所造成的限制性信念」，化恐懼為穿越洞見的勇氣，讓自己恢復清明的原廠設定，那麼自己與全息天命藍圖之間的迷霧屏障，以及埋藏在未來的人生地雷就會消失，也就能讓自己的天賦之光從原礦中無礙地散發出來，幾里之外的人都看得見，機會與資源也會自動聚流過來，如此才能真正改變自己的命運，「心誠事享」就是這個原理。

你可以拿出一張紙，盡可能地寫出你最害怕的人事物，然後循線破解這些害怕源自於過去的哪些創傷，然後換一個正向積極的角度重新看待、重新詮釋這些創傷。這就是找到自己害怕的弱點後，進而回填自信的地基，有了自信才能真正有力量、有行動力。

以前我們都以為「過去影響現在、現在影響未來」，但如果是升維的角度，則可以是「**現在影響過去、未來影響現在**」，也就是從**清完原生家庭負向木馬印記後的「現在」**，回看「**過去**」自己的原生家庭、包括過去所經歷的痛苦生命史，然後試著以「**反思**」+「**感恩**」來改寫生命劇本，可別小看這四個字，這四個字就是代表脫困的頻率力量，因為「**反思**」代表你願意停止「**重複且機械性的反應與動作**」，去思考自己還要這樣繼續下去嗎？還有沒有別的可能性？這也代表你拿回了自主意識而非機械性反應，拿回了主導權後，你就能從反思這個點上，瞬間回到了你生命的駕駛艙，這就是你頻率的第一階段拔升。

「**感恩**」是第二階段的拔升，因為當你在感恩頻率時，代表對於過去與當下，你已經轉換到更高的視野，把自己拉脫困境，換一種「喜悅與信任豐盛的頻率」來面對未來，到達很棒的境界——雖然現實生活中還沒到那境界，但頻率先行調到感恩帶上，你就瞬間看到：原來一切都是這麼好的領悟、學習與安排。

所以接下來無論發生什麼讓你害怕、不高興、沮喪、悲傷的事，都必須要「想盡各種辦法」去「**反思+感恩**」，**反思：這件事到底要我學到什麼？**並且試著練習「**從未來的角度**」**感謝現在的困境**，於是你就能停止、並跳出重蹈覆轍生命困境之輪迴，從**恨**、**冷漠**、**恐懼**、**不信任**，突然奇蹟變頻往**愛**、**信任**、**喜悅**、**幸福**、**自由**、**勇氣**、**豐盛**的方向翻轉版本、以全新的反應、角度、視野，而非舊頻率、舊情緒來過你真正自主選擇的生活，於是你就恢復成**力量版的自己**了。

方法二：如果今天是你人生最後一天，你還會浪費時間猶豫不決嗎？

你可以先問自己，如果人生剩下最後十分鐘，你要拿來做什麼？這或許就是你人生最重要的事——有一句名言：很多人活著的時候像死了一樣，死的時候才發現自己沒活過。所以面對你想做卻猶豫不決的事，你可以問自己：如果今天是你人生的最後一天，你沒做這件事會不會後悔？如果會的話，那就現在去行動。把今天視為人生最後一天，有助於你瞬間把拖延化為行動。

方法三：找勵志的電影、傳記、紀錄片、文章以及勇氣的音樂協助自己建立力量版的自己

試想如果一朵花覺得自己很醜，請問怎麼開花？如果在雞蛋裡的小雞覺得沒自信，也就沒有勇氣啄殼出來了。「自我肯定」是在霍金斯博士意識能量層級圖表中最基本的第九級：勇氣肯定／200，沒有這點自信，再強大的天賦光芒，也都被自己的「羞恥／怕丟人」蓋起來。有些人已經發揮出天賦才華，但面對更大的舞臺機會卻是退縮，問他們一旦出名會如何？他們的回答就正是限制自己未來的玻璃天花板：怕有名、有錢會引來災禍，但天賦才華一放光芒就是無限無邊界，會擋住的只有自己的木馬信念。

信任是行動的基礎，信任自己、信任環境、不懷疑自己是最基本的。有信任，萬物才會繁衍，有信任才有生命的創造動力與勇氣。如果我們在恐懼中、對生存沒有安全感，就會縮起自己、防衛別人、隨時備戰、與別人做有限資源搶奪的競爭，怎會有心思時間與自由空間發揮天賦與創造？

倘若自己因過去創傷而失去勇氣，可以藉助一些勵志的電影、傳記、紀錄片、文章，從這些典範人物中借勇氣給自己，就像嬰兒從不會走路，慢慢藉著學步車站起來。除此之外，我們也可以藉助一些有力量的史詩音樂給自己瞬間賦能、調成勇氣版的自己。

方法四：克服「怕人生無聊」的拖延症

我有兩個方法可以解這種「怕人生無聊」的拖延症：

（A）**設立多元天賦盤**，設好之後，你就會自動且盡速把事情做完，因為你之後還有許多好玩的事要完成，這在《AI 新天賦》書中會給大家很多靈感。

（B）**設定自律＋獎勵機制**：把你喜歡的事，放在你必須要做的事後面，或是把你必須做的事，放進你喜歡的音樂以及環境中去做，把它變成好玩的事。

建立一個超能強身版的自己

先找天命，再盡人事；盡完人事，順聽天命。這個所謂盡人事，可以從三方面進行：

（1）精神意志層面：

我們可從天命典範人物、或是英雄漫威電影裡找到自己有感覺的角色，例如：古一大師、哈利波特、奇異博士、神力女超人、美國隊長、蜘蛛人……來協助自己平移這角色的超能力量給自己，有助於快速征服自己的暗黑面。

（2）建立與身體有關的身分，例如：

健身教練、瑜伽老師、舞者、球員……，或是去學太極拳、氣功、武術、拳擊、射箭……讓「超能強身版」的自己幫助自己維持力量與健康。

（3）超能強身版的自己要有完成天命的使命感：

隨時助己助人的人最有力量，每天記下鼓勵自己與他人的金句，將智慧的力量傳播出去。

＊本堂作業

希望大家在上完這堂課之後，把這堂課給你的概念或金句，還有自己體驗到的珍貴領悟、心得，以及你「建立超能力量版自己」的過程，都寫進多維藍圖手帳中相應的空白頁上。

第十一課：科技發明版的自己

AI 科技時代，每一個人都要重新校準新天賦天命

我在《AI 新天賦》書中提到：從二〇二〇年開始，大家或多或少已經感受到外在環境變動很大，特別是從二〇二四年起 AI 科技日新月異，許多職業會被科技／電腦／網路／智能機器人所取代，所以我們一定要想辦法，每天以未來創意視角生成新的職業。與此同時，也能清楚知道哪些工作會瞬間被取代，如果你目前正在從事這樣的工作，就要即早做好

準備，因為每一次 AI 科技的更新，就會瞬間導致某個行業即將大量裁員。

每一個人幾乎都要重新校準 AI 時代的新天賦藍圖，因為還有很多因應 AI 科技的新行業還沒誕生。無論你現在從事哪一個專業行業，當下每一項 AI 科技發展初期，都要思考 AI 將來會不會取代你的工作？根據你目前的工作／職業／角色，如果我們現在已全面進入 AI 時代、強大的 AI 機器人進入大部分人的生活，你覺得一天的日子、工作有什麼改變？ 對於你的生活具體影響是什麼？ 你覺得整個世界會與現在有哪些不同？我們要做什麼才不會被取代？針對以上的改變，你的感覺是什麼？你會期待什麼？或是害怕什麼？你希望未來世界出現怎樣的職業？怎樣的物品與服務才能解決目前自己的哪些問題、解決世界目前哪些問題？……我們需要預先看到全面科技化的生活樣貌，我們才能知道自己未來能做什麼，然後現在來得及提前做好轉型的準備。

建立跨領域天才創造版自己的孵化器

現在有AI人工智慧的圖片生成軟體MJ，已經有人把自己寫的故事輸進去之後，生成了相應的圖片、故事劇本、影片、聲音、音樂、建築或周邊商品的立體模型……我們要更有原創力，科技就可以幫助我們更快顯化出創意，而不是我們被科技取代掉原本機械式的生活。我們可以參看特斯拉、愛因斯坦、賈伯斯、馬斯克等科學家、發明家的新聞報導、傳記、紀錄片、影片……來平移一個科技發明版來帶領自己創造未來，因為我們要先體驗腦中的自由，才能用這自由的創意來顯化具體事物，唯有如此，AI科技才能協助我們打開全視角、啟動多元創造版的自己，這就是我們跨領域天才創造版自己孵化器。

AI科技時代，
把自己視為未來人、趨勢預言家、發明家

如果想把自己視為能預言趨勢的未來人，就需要以自己的核心天命為視角，同時考慮：變局與風險因素，幫自己設計出多維、多元版的各種身分「陣」，讓自己可以「多重身分」大量閱讀、收看、搜集資料、見微知著地找到尚未被顯化的趨勢苗頭，以應變未來數十年的職業消長變化；倘若你今天看到一則關於未來的新聞資訊，都可以先寫在〈多維藍圖手

帳〉科技發明版自己的靈感頁中，然後從中挑選出你未來可能的職業、發明，都寫進手帳中，隨時有新增內容就可以隨時填寫進去。

＊本堂作業

希望大家在上完這堂課之後，把這堂課給你的概念或金句，還有自己體驗到的珍貴領悟、心得，以及你「建立科技發明版自己」的過程，都寫進在多維藍圖手帳中相應的空白頁中，並歡迎將心得分享到我們的社群，彼此觀摩、切磋、交流、有助於同學們之間彼此互相激盪出更豐富多元的未來。

第十二課：藝術創造版的自己

（一）從暗黑幽谷版的自己，蛻變成創造版自己

想一下，當自己掉入了負向情緒中，你是如何發洩並轉換你的憤怒、哀傷、沮喪、憂鬱，跳出情緒低潮的深淵？只要我們勇於面對暗黑版自己的內心、大膽地蛻變與轉化，而不是選擇逃避黑暗面時，暗黑版的能量可以是威力極大的、宛如原油般的創作動能，可以轉換成各種身分、作品：如作家（特別是：魔幻或科幻作家）、電影、文學、戲劇、心理分析師……就像水可以載舟也可以覆舟，就像種子要發芽前，都需在暗黑的土地中沉寂一段時間，待破殼破土而出之後才能開始茂長為花或是樹，這就是蛻變低谷版的自己，成為樂觀

創造版的自己。

（二）從療癒身心版自己，蛻變成創造版自己

你可以從之前畫的**全息天命藍圖**裡的項目，加上參考之前提到的名人脫困指南，把創傷陰影的能量使命化，把自己如何療癒自己的過程寫下來，把創傷蛻變成一個又一個有正向創造力的身分版本與創作，就像蚌將讓牠刺痛的沙粒包容化成美麗的珍珠，你從最黑暗時刻蛻變出來的創作，還可以療癒並影響更多人。

（三）以藝術創作者的身分，蛻變成創造版自己

可根據《AI 新天賦》書中擴展多元天賦的十二大模型，來讓多個創造版的自己從這十二個模型一一現身，然後每天以一個新的藝術創造者的身分，例如：作曲家、聲樂家、劇場導演、演員、畫家、雕刻家、舞者、作家……進行自己創造版的一天，有助於你打造出藝術創造版的自己。

或是我們也可以隨時啟用其中幾個身分來過一天，比方以畫家的身分去旅行，以作家的身分去看電影，以雕刻家的身分去健身，以電影編劇家的身分去聽街坊鄰居的談話，以

主廚的身分去逛市場，以音樂家的身分去大自然散步……當你享受「生活即是創造」時，創造版的自己就這樣開始遊戲人間。

此外，你也可以將自己的優勢最大化、將自己的弱勢強化，用你的創意來衍生成獨有的創造版的自己，例如，你是個廣告文案、出版社編輯、雜誌記者……你將自己擅長文字的優勢最大化就可以變成作家，或是電影劇本的編劇，也就是把「文字勞工」升級成「文字創造者」，於是這就形成了創造版的你；或是將自己的弱勢強化，來衍生出創造版的自己，例如：不愛運動的人，就去報個瑜伽師資班，一方面強迫自己健身，另一方面又可拿到瑜伽師資來成為自己謀生的收入；或是有心靈創傷的人，可以去報考心理諮商研究所，既可邊上學邊療癒自己的創傷，還可以拿到諮商師的資格，化自己的弱項為強項身分；或是體弱多病的人，可以去學中醫，既可邊上學邊讓自己的身體恢復健康，還有中醫療癒的能力，幫助更多有需要的人；或是有金錢木馬課題的人、負債的人可以去學金融理財，於是就多了一個金融顧問、理財版自己的身分，讓自己與客戶早點實現財務自由……總之，就是看你目前需要什麼就長什麼，讓自己完整，就不必外求或依賴別人。

平時要多看藝術家們的傳記、電影以及真跡作品，特別參看文藝復興時期的幾位巨擘。我還建議大家一定不要錯過各種線上或線下的展覽或座談會，特別是藝術展演，我至今都是每週充電。

（四）從時空旅人版自己，蛻變成創作版自己

我們也可以從未來的角度寫信給此時此刻低谷的自己，或是現在的自己寫給過去身陷低谷的自己，或是寫給未來暗黑低谷期的自己，或是以高維度外星人的角度傳訊給現在的自己……這樣的身分視角切換可以擴大自己的維度，我們還能以遊戲玩家、魔術師、魔法師的特殊身分來探索並創造各種可能、開啟多重平行版本的自己，本身就是很好的創作起點：可以是新詩、散文、小說、電影或影集劇本——準備好蛻變成生命層次豐富、以創造無限取代焦慮囤積知識的自己嗎？

＊本堂作業

希望大家在上完這堂課之後，把這堂課給你的概念或金句，自己體驗到的珍貴領悟、心得，你找到「轉化為藝術創造版的自己」過程、至少四個以上創造版自己的身份、以及未來創作計畫……都寫進多維藍圖手帳中相應的空白頁。

第十三課：豐盛富豪版的自己

保羅·委羅內塞
《Juno Showering Gifts on Venetia》

當自己或身邊的人財務出問題，可以切換到商務理財版的自己來救己救人，進而創造出豐盛富豪版的自己與朋友圈。至於如何建立豐盛富豪版的自己？我跟大家分享四個步驟：

步驟一：清除負向金錢木馬

可參看《人類木馬程式》、《原生家庭木馬快篩》來清除原生家庭的金錢負向印記，以及自己的金錢限制性信念。例如：有人覺得做自己喜歡的事會無法謀生、必須要先做自己不喜歡的事才能謀生——要先問自己：原生家庭是否有給你這個印記？這個負向木馬必須先清除，否則未來自己在做喜歡的天命之事時，就會被烙印上「不會賺錢、無法謀生的限制性想法」。

步驟二：找到天命後，原來的工作可以先不要辭掉

因為每一個人的狀況都不同，有的人還在念書、有的人才剛出社會正在找工作，有的人才工作不到幾年，有的人正失業或是準備轉業，或是有人已經退休正在尋找退休後的事來做……無論在哪一個人生生命階段，只要你設的天命夠高夠廣，那就是一輩子的志業了。

如果目前已在工作，但不是你喜歡的事、你也感覺到不是你的天命，這份工作有可能是你或身邊的人覺得比較有錢景的工作，我建議除非這工作已嚴重影響到你的身心狀況，否則你先不用急著辭職，你可以先思考：你目前的這份工作，硬是要從中找到與你天命相關的連結點，那會是什麼？

我之前在做天命天賦個案時，有一位學員說他目前正在從事法律相關工作，但他有興趣的是心理學、心理諮商，問我是否該辭職去找心理相關的工作？我先問他，目前經濟狀況如何？是否需要工作才能維持生計？他說是的，於是我跟他說：「請先別辭職，拿出你的手帳，每天記錄並研究你的

法律個案可能有怎樣的心理問題？」同時我建議他下班後進修心理學相關課程，將來他拿到相關證照或資格後，他可以透過**法律諮商**結合**心理諮商**的服務，讓他在業界有自己獨特定位，他也可以跟老闆談業內創業，或是另設分部門，或是自己出來創業但與原東家合作聯盟的方式都行，之後他還可以因為結合法律與心理諮商所建構出來的獨特體系來寫成他的書、他的代表作，後續還可以延伸成課程。只要他的專業能讓許多人徹底解決生活上、法律上、身心或人際上的問題，收入只會更好而不會比原來差。

我引用《AI新天賦》書中，一個大家都很熟悉的電影《穿著Prada的惡魔》的例子：想當作家的女主角，在一家忙到很恐怖的雜誌社工作，如果她馬上辭職去寫作，或許就沒有職場上鮮活且引起共鳴的題材可以寫小說——當下的工作看似與她當作家的夢想相違背，但只要她把眼前的事，視為與自己想完成的天命之間有百分之百相關，與自己想做的天命有通道，就能以這個「既獨特又有創意的思維蟲洞」，量子跳躍到自己的天命。

我自己也誤打誤撞地以這途徑通往自己的寫作天命：大學念廣告系，本來很想轉念文學，但我把廣告＋文學＝廣告文案，以寫詩的創作心態來寫每一則廣告文案，於是寫出了作用》，這就是「條條道路通天命」的道理。

接著，當我已經是廣告文案，身為廣告文案必須要有「從一堆資訊點中抓出核心廣告標題」的能力，於是我用這能力來看人們一直在重複生命課題的迴圈，一眼就能找到核心關卡，所以我才建構並寫出《人類木馬程式》、《原生家庭木馬快篩》兩本書，很多人以為這就是跨界或斜槓，其實不是，是老早就埋藏在我的天命藍圖之中，只是現在把燈光打到這個範圍顯化它而已。

也就是說，我們可以在不更動原來生活與工作的情況下，再嫁接一個新的維度，就像在平面道路上方再建一條高速道路→這也是我常說的，天命不太占你原本的時間空間，可以與你原來的生活同步進行。

步驟三：建立財務專業版的自己

無論你是什麼專業，都要幫自己建立一個財務專業版的自己，因為你不理財，財也不會理你。除此之外，要趁年輕盡早達到財務自由，之後的人生就可以不必因為錢而決定自己能做什麼、不能做什麼。至於怎麼建立個人最短的財務自由捷徑，以及怎麼止漏自己的財務破洞（例如：亂花錢、投資失敗、被詐騙、別人借錢不還……），請看我的下一本書《精準致富》裡關於如何建立「財務金字塔」的方法。

步驟四：調到豐盛富豪版自己的頻率

一切都是頻率先行，所以把自己變成「豐盛富豪版自己」時會是怎麼觀察、怎麼思考、怎麼決策、怎麼行動，怎麼生財、怎麼花錢……除了參考成功富豪們相關的書或是影片看他們是怎麼做到的，最好身邊還有幾位沒有金錢木馬的富豪級朋友做為「不被限制性信念綁住的財務自由」參考點，才能打破擋住自己豐沛財富流的牆與天花板。

當我們建立好了豐盛富豪版的自己，就相當於是自己的專業財務長，早點到達財務自由後，人生才能進入「隨心所欲」的境界。

＊本堂作業

希望大家在上完這堂課之後，把這堂課給你的概念或金句，自己體驗到的珍貴領悟、心得，以及自己的財務計畫，都寫多維藍圖手帳中相應的空白頁，並歡迎將心得分享到我們的社群，彼此觀摩、切磋、交流、有助於同學們之間彼此共創財富豐盛圈。

第十四課：環球旅行版的自己

《旅行，重新打造自己》有一段話：「古往今來凡以不俗的方式安排自己旅程的人，常宣稱他們從旅行中得到不可思議的收穫，在自尊、自信、平衡與自給自足的能力上都有長足的進步；他們樂於擁抱在奇妙時刻或艱難逆境中所淬鍊出來的堅貞情誼；他們變得比較不容易害怕；遇到問題時較能從容應付；在動盪不安的環境裡，更懂得隨機應變。」

就我所觀察，經常旅行的人幾乎都很聰明，到目前為止我還沒看過一個常旅行的笨蛋，因為旅行會刺激一個人得馬上適應新環境，聰明與否跟大腦的狀態非常有關，智力不是由腦大小來決定，而是由神經元連結的數目多寡而定。當人們遇到新的刺激時，就會長出新的神經元以應變新環境局勢，所以越常旅行，神經元的連結就更繁密，我就是最好的例子：以前反應不是很快，連表達能力都有問題，當我這幾十年密集自助旅行之後，因為得在陌生國度練習看地圖、認方向、辨安危、尋支援……久了應變力練得非常快，也就越來越能旁徵博引，自然能把腦袋越練越靈光。

聖・奧古斯丁（Saint Augustine）說：「世界是一本書，不旅行的人只讀了一頁。」我很慶幸自己在人生最精華的期間，盡己所能地去看世界；而走過六十多國的旅行，就是滋養我靈感庫的高單位營養劑。艾美・佛萊斯說：「白日夢狀態的心靈具備有多工處理能力，當心智在自由漫遊的時候，開始做它最重要的工作：形成概念；當你在做白日夢的時候，你的心思卻在過去、現在、未來之間到處滑動彈跳，在未經過濾審查的狀態下，利用所有儲存起來的經驗和知識，連結各種零碎片段，你便能夠在你的心中想像物體、人物與事件，把這一切全部拼在一起，你就有了激盪創意的完美環境；就像演員，深入自己的想像力之中，以便重新創造那種情緒，或者變成經歷那種情緒的角色。」這些透過旅行存在我腦海裡的許多經驗、知識、畫面、獨特視野，可是再多學位、再多工作經驗都換不來的人生的閱歷，所以真的要趁年輕，透過旅行多翻翻這本世界大書！

我的成長史就像從冰塊到水，到水蒸氣，每一次增加能量（從電影、書、創作、旅行等中吸取的能量）就改變了形態，比之前的自己更自由，移動得更高更遠；每次變動，都是證明自己果然還可以更自由更廣大。亨利．米勒（Henry Miller）有一句話說得很棒：「我們旅行的目的地，從來不是個地理名詞，而是為了要習得一個看事情的新角度。」（引自《旅行，重新打造自己》）透過旅行，學會如何規劃行程？如何看地圖、辨方向、學獨立、練應變？如何向人問路、問事？如何克服恐懼？如何大膽且穩定地解決各式各樣突來的問題與麻煩……這些都是學校沒法教的，在異國旅行除了增廣見聞之外，也是訓練我臨場反應、就地生存、考驗我智慧與勇氣的最好機會。旅行對我而言，就是為了發現正在旅行的我，與以前的我有怎樣的不同，我也可以透過旅行，進行不同階段的自我蛻變與創造。

《榮格與密宗的29個覺》書中提到：「因內在的召喚而浮現的旅程，指的並非是外在的旅途，而是內在的旅途，是要我們開始質疑我們賴以建立生活的種種假設；離開家前往異國，是動搖我們所有既存概念的方法之一，我們會經歷文化轉換，幫助我們脫離原先的制約。」很多人喜歡旅行，但總會被困在「沒時間」或「沒錢」的理由中而至今尚未出發。但我太愛旅行了，我的決心為自己的渴望找到出口，所以根本沒有「不可能」的藉口；以前年輕時沒錢，就會想辦法賺錢存錢去旅行，等到自己建立了寫作的專業能力，就多了很多免費去旅行寫書的機會。也就是說，我並非每一趟旅行都是自己出錢，有的是客戶出錢要我去採寫歐洲數位藝術中心，讓我回來寫成一本書；或是要我先去體驗杜拜之旅回來後寫宣傳文案，或是旅行社提供機票、火車票、住宿，要我去歐洲旅行回來寫成書。這就是我讓自己的「專業才能」發揮到最大，能見度夠高就可以吸引別人邀約我到各地去談廣告案、演講、教書、新書發表會、座談會、頒獎典禮……這就是可以免費去旅行，還可以一邊賺錢的方法。

我把旅遊視為我人生中最重要的事，我的行李箱總是放在客廳玄關隨時待命，因為我覺得人一生若只能在某一個國家一輩子，沒去探索其他地方就太可惜了，因為世界之大無奇不有，至今我去了六十多個國家，就像投胎六十多次般地重獲新生，這種「洗靈魂」的方式就是「去制約」最徹底的方法，也是「創意無菌分娩室」的原理。

拿破崙・希爾說：「渴望是所有成就的起始點，不是希望，也不是願望，而是一種超越一切，悸動心扉的熱烈渴望。」（Michael J. Gelb & Sarah Miller Caldicott，2010），在每一趟旅行後寫心得與體驗出來與大家分享，這就是我的生命中最大的樂事。

愛因斯坦在創建他的宇宙理論時，他總會問這樣的問題：如果是我的話，我會把宇宙設計成什麼樣子？（引自：加來道雄）。我也經常帶著學生一起看《宇宙皇宮》（*Ambra： child of the universe*）這樣的影片，帶著他們想像：如果這個地球是由我們親手創造出來的，我們該在哪裡雕塑出山脈？哪裡留下海洋？哪裡開展河川？揮灑出怎樣形狀的雲彩？陽光的顏色該怎麼安排變化？四季呢？如果我是大海正衝上岸的浪頭，我看到的視野是什麼？我的感覺是什麼？如果我是森林中一片葉子上的一顆露珠，我所呈現出來的世界是個怎樣的全貌？……可以隨著影片開始虛擬想像首次創世的過程，然後在旅行時就把這樣的「源頭創世推想法」放在你的旅程觀察之中，你會非常佩服大自然的鬼斧神工——這就是回溯到原創量子場來體驗創造的本源，而不是走既有的軌跡去揣摩、推理、欣賞現有的作品。這樣的練習，是為了讓我們有敏銳而廣大的感官，這就是創造者的視野。

《旅行，重新打造自己》提到：「許多個人的素質與面向，只有在旅行時才會呈現出來，其他時候則隱蔽得連自己都看不到。」環球旅行幾乎是大部分人的終極夢想，所以建立一個「環球旅行版」的自己，就成了滋養自己各身分的養分與動力，每一個身分疊加「環球旅行版」自己之後，都能創造出新的財富來源，例如可以寫書並帶領「聖地能量之旅」、「尋找天命之旅」、「身心療癒之旅」、「閉關修行之旅」、「心靈蛻變之旅」、「科技展會之旅」、「創意啟蒙之旅」、「古文明探索之旅」、「登山步道之旅」、「藝術創造之旅」、「主題節慶之旅」、「極限運動之旅」、「奢華圓夢之旅」、「極地探險之旅」、「博物館美術館之旅」、「影展觀摩之旅」……所以不要把旅行當做只是花錢的方式，而是擴展各個平行版本自己，也是我們可以快樂執行的穿越時空之旅。

在旅行之前，平時就要養成收集資料與記錄的好習慣：我以前會準備一張長桌子，上面放了我計畫將去的國家資料，例如旅遊書、相關資料、書籍雜誌、影片……現在則改在電腦或手機上設「待旅行檔案」，依想去的國家分類，之後看到相關資料就隨手存進檔案夾中，等到要出發前抽空研究一下，就可以減少遺珠之憾——你們也可去網路上搜尋想去的國家照片與行程，貼進你的環球願景板中，讓環球旅行版的自己將你環遊世界的大夢成真。

我們可以請「豐盛富豪版的自己」與「藝術創造版自己」合作，規劃出自己五年環球旅行的財務、時間、執行計畫，邊旅行、邊享受生活、邊工作創作、邊帶來收入，就像是數位遊牧族，用一輩子的時間把地球裝進我們的人生裡，整個世界都是我們此生的體驗版圖，也是我們的人生環球學校。建議大家可以去讀《旅行創意學》，裡面有旅行創意學十大關鍵力：

旅行＝勇氣
旅行＝效率
旅行＝應變
旅行＝養分
旅行＝混血
旅行＝極端
旅行＝身分
旅行＝豐盛
旅行＝造夢

旅行＝創世

同樣的壽命，旅行能讓你比別人走更遠的路——有限人生累計無限里程，這就是旅行帶給旅行者的 VIP 特權。希望你們在這堂課之後，都能隨心所欲地旅行，以精采的見聞與感動，讓自己的**創意萬里通**！

＊本堂作業

希望大家在上完這堂課之後，把這堂課給你的概念或金句，自己體驗到的珍貴領悟、心得，以及自己的環球旅行計畫，都寫進多維藍圖手帳中相應的空白頁，並歡迎將心得分享到我們的社群，彼此觀摩、切磋、交流、有助於同學們之間彼此分享旅行經驗談。

第二篇小結

多元多維版自己的天地四方矩陣
一次完成多個身分陣

大部分人在追求「斜槓」，很多都是帶著自己不夠好、要逼自己更好，所以東做西做、東學西學，情緒頻率是焦慮的，往往斜槓越多就越焦慮，因為學再多、做再多，都無法填補內心地基掏空的狀況。這就是為什麼這張〈多元多維版自己的天地四方矩陣〉，要先從神聖光明版自己的層次開始談起，就是要喚醒那一張早已存在你DNA裡、完整的生命創造藍圖，並開始由「天」往下投射出「榮耀天命版自己」、「全知全息版自己」、「時空旅人版自己」、「智慧修行版自己」、「先知預言版自己」、「校長知識版自己」，然後由「地」從下往上的分別是：「暗黑幽谷版自己」、「療癒身心版自己」、「健身力量版自己」，上與下交會的點向四方投射出四象限：「科技發明版自己」、「藝術創造版自己」、「豐盛富豪版自己」、「環球旅行版自己」，只要自己與大家共好的天命GPS方向對了，所投射下來的路徑怎樣都不會出錯。

多元多維版自己的天地四方矩陣

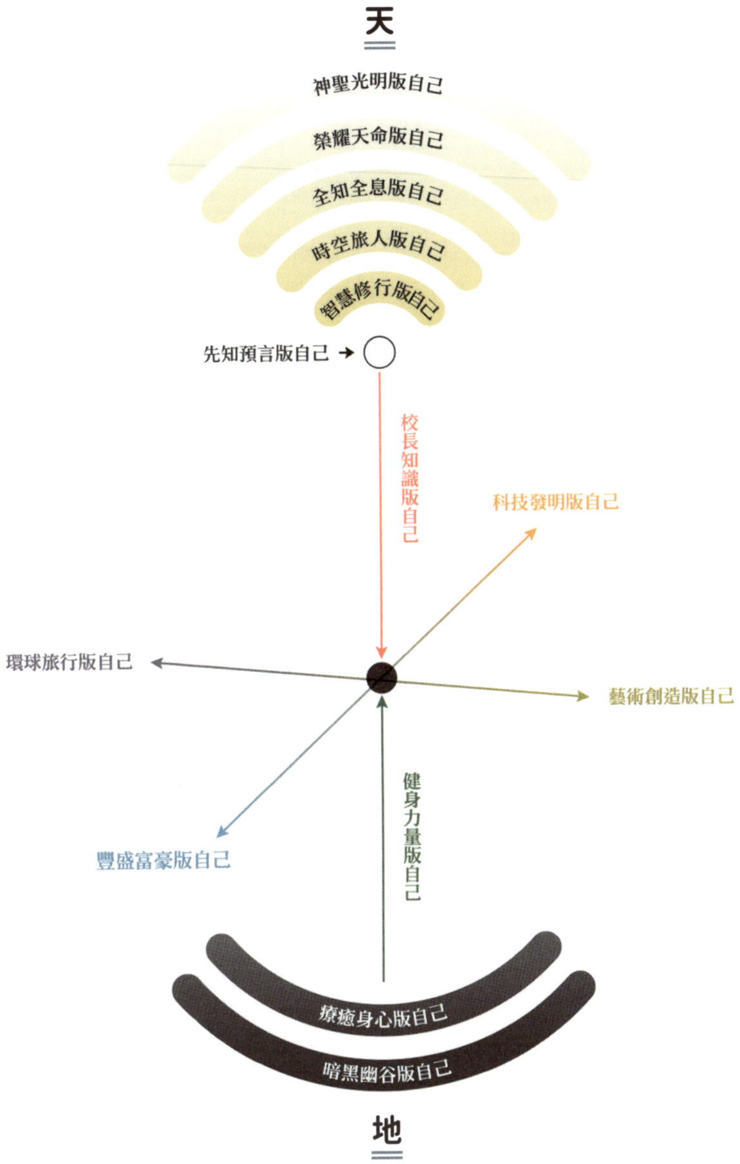

當我們拋開線性的時空觀，把自己原先受限的意識與身分，從框限的程式矩陣中全部釋放出來，那麼這張豐富且**多維、多層、多元的人生藍圖**，就像是把整個隧道打開來，包括地面也變成透明的，讓你看到周圍全面的環境場，也相當於你看到更多資源、更多潛能、更多可能性就在你的視盲區之外早已都在那了，所以「多維創造版的自己」不是在你原維度上加身分，而是往上、往四周、往深加視角，幫你的人生加上**鳥瞰衛星＋天文望遠鏡＋放大鏡＋顯微鏡＋內視鏡**……讓你有**多重視角**來建立多元創造版的自己，因而能被你發現並找回很多過去被你忽略的熱情、興趣、天賦，這樣就能瞬間恢復本自俱足、圓滿豐盛。透過這張各平行身分協同的設計全圖、來啟蒙並延展我們的想像力、演化出多元多維、多種平行身分合一的新版自己。

薩古魯說：「當你的意識情緒強烈聚焦，將會在你周圍世界得到顯現，生活就會像魔法一樣運作：所有的事情在你有意圖之前、在你還沒想之前，事情就會展現出來，這是每一個人都有能力達到的生命神奇維度。」當我們在本自俱足的全息天命藍圖中，我們就已經在豐沛的創造源頭裡、在完整之流中，透過多維多重多元自己的視野藍圖，取代到處找賺錢副業的碎片人生。

不必坐時光機回到過去，不必重來，以千變萬化的身分視角，同時體驗人生的各種可能，建立多層次自己的螺旋天梯，在多重宇宙、平行世界的概念下，「看見」並建立協同式各個多元身分同時開展多重職業，多種平行身分合一協同聯盟新版的自己，從單一身分證擴充到多維身分陣的自我複數聯盟，讓自己恢復完整、豐盛與圓滿。

協同式的各個平行身分，如何整合在一天之中？

或許你會問：這麼多的平行身分，如何整合在一天短短的二十四小時，而不會分身乏術？有哪幾個方法能夠把協同式各個平行身分，完美地整合在一天之中？

方法一：依局勢或心情來切換不同的平行身分

如果一開始覺得沒信心，可以先從加一個平行身分開始，等到熟練了，再加第二個、第三個、第四個，一個一個顯化，就像是馬戲團團員，一開始在空中拋兩顆球，熟練後再多丟一顆球給他、再多丟兩顆球給他，他依然可以用同一時間運轉，差別在他的當下專心度與球的速率而已。

這些平行身分可以從你天命藍圖草圖中衍生出來的身分去找，在「神聖光明版自己」、「榮耀天命版自己」、「全知全息版自己」主導之下，依自己的興趣、專業或是渴望，記得還可以疊加「未來趨勢」的視野，考慮到未來外在變局與風險因素，還可以幫自己設計出「多維、多元、多重的身分「陣」，來應變未來數十年的職業消長變化。

方法二：在一天中分時段給不同的平行身分

我們也可以好好整合出「協同性人格」的一天（可參看電影《消失的星期三》*Gone Wednesday*），將這些不同個性的身分，在一天不同時間段內輕鬆切換，就像腦雲端開外掛複衍豐富人生，協同人格的平行身分陣擴充自己的小宇宙：

比方你有一個畫畫的自己、寫詩的自己、作曲的自己、建築師的自己、攝影的自己……當你走進森林裡，你已經開始在腦中出現流動的影像、流動的畫、流動的音樂、流動的詩，同時還有蓋一棟森林之家的靈感，一條路同時開啟多重平行版本的自己。舉我平常如何以「多維平行版本」自己過一天的例子來說：

清晨起床寫金句的是智慧僧侶
早上安靜接靈感書寫的是作家
白天極勤奮工作的是商務人士
午睡之後想玩樂的是內心小孩
下午想要改善世界的是慈善家
傍晚還在練街舞的是熱血青年
晚上傾全命教課演講的是老師
半夜還在K書追劇的是超學霸

如果再加上「時間」的變數，可以設定成四歲愛跳舞的自己、六歲愛哼歌的自己、十五歲想寫小說的自己、未來十年後想拍電影的自己……過去、現在、未來的所有可能，都在當下這個點俱足。

方法三：一時多工，一食共養多個平行身分

我在《AI 新天賦》書中提到：當我們有了這個會有機生長的**多元天賦盤**，並衍生成各個**平行身分陣**後，我們就可以開始實行「一時多工的時間齒輪」，能具象解釋這概念的，就是我在多哈伊斯蘭美術館買的《*THE BOOK OF SECRETS*》、我暫時翻譯成《奧秘之書》中的一張圖，想像這八角平臺代表八種身分，你站在中間的核心，底下有個蓄水池可以同時養八個身分（一時多工，多層蒸鍋，一食共養），當你看一本書或是一部電影時，你可以八個身分同時吸取養分，比方看《十四堂星期二的課》，我可以「心靈老師」、「生命作家」、「生死學概念下發展互聯網內容的設計者」……以多重角度一起看，我可以拿各色筆在書中以不同身分、不同的維度視角來畫線；如果以看電影為例，一部電影可以是我寫書的靈感、同時也是我寫劇本、課程教學大綱的靈感——這張圖我們可以把它想成是：自己各種平行版本同時運作的時間管理模型，以旅行為例，我在每一次自助旅行時都會同步想：如果將來我帶團時要怎麼規劃路線？怎麼講解？要跟團員介紹什麼？沿途有什麼靈感可以在未來創生新的產業或項目？整個旅程回去後怎麼寫成書？怎麼整理成內容放入課程內……《奧秘之書》的這張圖有一個像是主舞臺的空間，我們可依當年主要局勢，來決定讓哪一個身分做為應對那主舞臺的主角，只

要你能把近三十年的人類歷史，整理出一個大趨勢消長圖，你就可以發展出：在現階段任一狀況都能活得很好的多元身分，來為自己定錨「一時多工」的動力執行系統。

概念引自《THE BOOK OF SECRETS》

所以升維概念下的「一時多功」，即是在一個時間內同時創造多重產值，也相當於我們吃一份食物就同時餵養、滋養了多個器官系統，也像是一個結構緊密的聯動齒輪模型，站在核心的我們只要動一步，其他八個身分的齒輪就會自動跟我們一起聯動運轉，這就是我們能在同一時間完成所有事的方法→記得，時間永遠夠用，只要懂得智慧運用時間即可，就像是：如果你要射五個同心圓的靶心，你得用五份時間，也可以把這五個同心圓疊在一起，以一箭同時貫穿；或是你也可以想像成齒輪組合，設定當前開始行動的「核心樞紐身分」，這也就是我們「一時多工・連動時間齒輪」的主樞紐，只需手動一個主齒輪：榮耀天命版的自己，其他的身分齒輪就會跟著自動聯動。從一時一工→一時多工→多時多工→量子腦，這就是我以天命帶動「協同式平行身分」的一時多工之齒輪化模型的一天，於是就可以活在：一邊享受生活、一邊旅行，一邊滋養靈感庫、一邊工作、一邊以創作自帶源源不絕的收入，而且讓工作機會自己來找我們的奧秘。

方法四：身分協同的彩色光譜

大家應該有看過「三稜鏡」，光打進來，因為不同波長的光折射率不同，在折射時會偏轉不同的角度，便會造成色散的現象。所以一束白光進來，透過三稜鏡就會分出紅、橙、黃、綠、藍、靛、紫各色。

如果把三稜鏡的概念，跟之前《奧秘之書》的「多哈角色模型圖」合在一起看，就相當於一束白光透過三稜鏡（可以想像就是〈多維藍圖手帳〉），就立刻形成了各色／各個身分的**彩色光譜**。也就是說，如果不是透過三稜鏡，一束光就是一束光，但透過特殊的三稜鏡，就讓我們看到各色彩虹的光，如同各個協同式平行身分的全圖。本書建構出十四個平行版本，如果我們改以另一個架構：色彩來演繹我們可以有七個身分，就像是彩虹的七色，彼此支持、共構出美麗的全光譜。

所以大家可以上網找三稜鏡的圖，列印成手帳的大小，將七色光譜上分別寫上七個平行版本的自己，這七個版本不一定都是要具體的身分，也可以是不同的情緒狀態，例如：

紅色熱情版／健康版／舞蹈版的自己
橙色活力版／青春版／創造版的自己
黃色陽光版／樂觀版／財富版的自己
綠色自然版／療癒版／環保版的自己
藍色平靜版／寧靜版／航海版的自己
靛色修行版／開悟版／自在版的自己
紫色智慧版／高我版／先知版的自己

你可以為這個七維度的自己各安置一個身分，從設置好這七個身分的那一天開始，你就以內建這七維度的身分陣容

開始你的新生活，例如：當你讀一本書、看一部電影、聽一場演講、構思一個企劃案⋯⋯，你都是以七身分的視角同時進行，於是你就能一時多工，相當於七層樓的七個你同時：**多元學習**（吸收多維多層次養分）、**深度反思**（從全知全息、神聖、一路探索到暗黑層的自己）、**共同創造**（各身分協同完成天命核心代表作），形成專屬的雲端策略聯盟。你也可以發揮你**獨有的創意想像**與**自我定義權**，來生成你專屬的**身分結構**與**創造版的自己**，例如：**地水火風**結合**紅白藍綠**四色矩陣，就變成了：

草地綠：大自然版的自己／在大自然為人做療癒的身心靈老師

流水藍：創造版／藝術版的自己／啟動寫作流的作家

烈燄紅：英雄勇氣版／健身版／力量版的自己／有著熱烈創意點子的廣告創意人

清風白：心靈講師版的自己／春風化雨老師版的自己

這就是我常說「在天命下的多維人生創造版自己」，就像是奪天地造化之功，其最棒境界就是：**找到自己天命的人，不僅不需要再許願，樂在其中不捨退休，做到人生最後一刻**。你就能在每天生活的各種情境中隨時切換，或是任選幾個身分一起協同聯動出更廣域的人生版圖！

方法五：無論是哪個版本，都有辦法過到最好

每一次抉擇，就分裂出一個新的平行宇宙，無數個或然率的自己都是不同的潛世（possible worlds），「先決定我們要去哪一個目的地，然後再倒推回來看：自己該從哪一個手扶梯上去」的這概念，如果落實到我們的生活中，可以是：當你要在眼前多個選項／多條路徑選擇，你想一下「神聖光明版」、「榮耀天命版」的自己會怎麼選擇，於是能量突然變超巨大的自己瞬間就有自信力量，想一下「全知全息版」自己會怎麼選擇：因為無所不在、於是有了彈性直抵風暴核心，能屈能伸即是多重宇宙自己的超能力，你一下子就可以做出省時省功的聰明選擇。

也就是說，無論我們現在在哪個平行版本，都要想盡辦法把這個版本活到：自由、豐盛、幸福、愛與感恩，那麼無論是哪一個版本的自己，突然穿越過來怎樣都不會踩坑，或是自己不小心醒在哪個版本，劇本雖不同但都很幸福。

第三篇

切換人生劇本的十二個方法／破解法

剛才第二篇提到「如何以不同的頻率、建立十四個平行版本多維度的自己」，現在要談的是：如何以不同心態來切換人生劇本的十二個方法 / 破解法：

（一）允許一切發生（ALLOW）

當我們內在藏有很多限制性的框架，外在就會有許多人事物不斷挑戰我們的底線，於是我們一生浪費太多時間在不滿、對抗、抱怨、磨合的頻率上。如果我們能轉換到「全知全息版的自己」，就能看到條條道路通羅馬，只要頻率對了，走哪條路都能到；但如果頻率不對，就算已經到門口了還是進不了門。

《我可能錯了：森林智者的最後一堂人生課》書中提到：「當我們內心寬大到足以容納自己所有的感受時，生活會變成怎樣？更少的小我，會留下更多空間給生命的奇蹟。」讓自己彈性大一點，以允許取代批判自我與他人，就能瞬間切換開困住的人生劇本，就像電影《分歧者 3》最後一階段的考驗是：讓光明的自己擁抱黑暗的自己、《時間的皺摺》裡小女孩拒絕被「更美但不真實的自己」誘惑以免失去自己……

我們都忘了「不允許」在有些時候會變成傷己傷人的利器。所以我們可以隨時問自己：

你不允許自己：＿＿＿＿＿＿＿＿＿＿＿＿＿＿＿＿

你不允許家人：＿＿＿＿＿＿＿＿＿＿＿＿＿＿＿＿

你不允許朋友：＿＿＿＿＿＿＿＿＿＿＿＿＿＿＿＿

你不允許別人：＿＿＿＿＿＿＿＿＿＿＿＿＿＿＿＿

然後看一下這些「不允許」，若沒有違法或觸及道德底線，哪些有可能是你限制性的負向木馬程式？這些木馬可能會產生什麼問題？該怎麼破除？

我很喜歡海靈格（Bert Hellinger）寫的《我允許》：

我允許任何事情的發生。

我允許，事情是如此的開始，如此的發展，如此的結局。因為我知道，所有的事情，都是因緣和合而來，一切的發生，都是必然。

若我覺得應該是另外一種可能，傷害的，只是自己。

我唯一能做的，就是允許。
我允許別人如他所是。
我允許，他會有這樣的所思所想，如此的評判我，如此的對待我。
因為我知道，他本來就是這個樣子，在他那裡，他是對的。
若我覺得他應該是另外一種樣子，傷害的，只是自己。
我唯一能做的，就是允許。

我允許我有了這樣的念頭。
我允許，每一個念頭的出現，任它存在，任它消失。
因為我知道，念頭本身本無意義，與我無關，它該來會來，該走會走。
若我覺得不應該出現這樣的念頭，傷害的，只是自己。
我唯一能做的，就是允許。

我允許我升起了這樣的情緒。
我允許，每一種情緒的發生，任其發展，任其穿過。
因為我知道，情緒只是身體上的覺受，本無好壞，越是抗拒，越是強烈。
若我覺得不應該出現這樣的情緒，傷害的，只是自己。
我唯一能做的，就是允許。

我允許我就是這個樣子。

我允許，我就是這樣的表現。我表現如何，就任我表現如何。

因為我知道，外在是什麼樣子，只是自我的積澱而已。

真正的我，智慧俱足。

若我覺得應該是另外一個樣子，傷害的，只是自己。

我唯一能做的，就是允許。

我知道，我是為了生命在當下的體驗而來。

在每一個當下時刻，我唯一要做的，就是全然地允許，全然地經歷，全然地享受。

允許，一切如其所是。

榮格談個體化，就是誠實地認識與接納——當負面情緒來的時候，就問自己：我不允許自己＿＿＿＿＿＿，不允許別人＿＿＿＿＿＿，這就是我們受苦的原因，如果我們改成：我允許自己＿＿＿＿＿＿，允許別人＿＿＿＿＿＿，我們可以觀察一下自己的情緒頻率是否改善許多？

（二）不過度反應→不反應（Unresponsive）→永不反應／不動如山→不入戲→不當真

當我們有負向木馬程式時，往往會對一些小事反應過度，但如果想讓人生升維，就要大事化小、小事化無，否則小題大作、興風作浪、語不驚人死不休，會讓人生開始降維到混亂的局勢。馬斯克也說過：遇到事，他都不當做是針對自己的，都**當成是對方自己的狀態**。凱文．凱利《寶貴的人生建議》：「如果你願意多往下追問七個層次，你可以弄明白任何事。」倘若我們往下問自己：我為何獨對這個人事物反應那麼大……連續追問自己七個層級，就能抓到自己的深度木馬。

東大名僧草薙龍瞬引用「不反應達人」佛陀說過的一段話：「如果向責罵的人回以責罵，向發怒的人回以憤怒，向爭執的人回以爭執，等於是接受對方的食物，吃了同樣的東西；當我不接受對方給我的東西時，他說的話就屬於他自己，他自己拿回去吧。」草薙龍瞬說：「若要以『無痛無苦之心』為人生目的，做出反應會使內心混亂，是毫無意義的……不要向對手反應而丟失自己的心。」

所以我們可以練習：

不過度反應→**不反應**（Unresponsive）→永不反應／不動如山
→不入戲、不捲入劇本
（戲生戲，生生不息）
→不當真

舉我的例子：有一次看到兩個好朋友在我面前講悄悄話，我第一反應是很生氣，覺得他們一定有什麼事瞞著我，或是在說我的壞話，我感到被排擠。但當我第一時間選擇「不以憤怒的情緒反應」，然後反省自己這種「感到被排擠」的想法是從哪來的？原來在我原生家庭四人成員裡，我爸、媽、弟三人成一派，我經常感到被排擠，所以我不該把「被排擠」的劇本投射在我朋友們身上。後來我才知道，原來他們在討論何時要請服務生送上我的生日蛋糕，可見疑心病會嚴重破壞人際關係，而「不反應」就是我暴走情緒的煞車器、冷卻器。

《我可能錯了》提到：「對現在的我來說，什麼才是真正重要的？我們最難放下的念頭，到頭來往往對自己傷害最大，與自己暴走的情緒保持距離，就能意識到自己思維的過程，也會明白別人也在面對一樣的狀況，自然而然就更容易注意到你與對方的共同點（作者註：例如同樣對金錢、對未來感到焦慮不安），我們也可以看到對方的優點、學會接受他們本來的樣子，不會以沒建設性的方式在背地批判自己或他人不夠好。」就像泰勒絲（Taylor Swift）被肯伊．威斯特（Kanye West）言語羞辱攻擊，她不是第一時間反擊，而是沉潛一年、把心情化為暢銷得獎專輯與巡迴世界演唱會，那麼這個「不反應」就是「藝術創造版自己」的最佳燃料與動能。

（三）覺察當下的情緒（Emotion）是？

根據自己突發的情緒循線找出考題、跳出考題，只要有負向情緒，表示過去一定有創傷未處理，先辨認情緒類別，然後找出之前類似的感覺情緒事件，就能找到破解之道。

舉我自己的例子：我跟別人約見面時一定都會提早到，因為我怕遲到會讓對方不高興，那是因為以前跟我爸媽約吃飯時，只要我遲到他們就會不開心，結果我繼承了這個負向木馬之後，只要自己或朋友遲到我就會很焦慮——以焦慮為趨動力，短期內貌似讓自己更好，但長久下來把我們的生活、身體健康、家庭關係、人際關係……搞得一團亂，因為焦慮會導致愛給別人建議，習慣性指導指揮別人、好為人師，往往會造成人際關係的疏離，這就是孩子總是遠離愛嘮叨的父母，或是夫妻之間有一方會遠離嘮叨的另一方。

後來我繼續追查，發現我焦慮的背後是「害怕」：怕自己落後，跟不上他人與自己的期望，這是因為我在原生家庭（先天）、在學校（後天）被印記了「競爭木馬」，我問自己：如果我沒有這個讓我痛苦的想法，我會不會好一點？後來我領悟到：嚴以律己者無法寬以待人，因為他經常批判自己，當然也就慣性地批判他人，導致自己不高興、別人也很有壓力，所以《我可能錯了》提到：只要你無法對自己慈悲，你對他人的慈悲永遠就有缺漏。對於我們的痛苦，真誠問自己：這一刻有什麼可以幫助自己，有什麼是我可以為自己做的？

所以一遇到焦慮狀態，就開始深問自己：**會讓你焦慮的人是誰？會讓你焦慮的場景有哪些？**於是後來當我面對突來的焦慮時，我的解法是：

（1）反向：急事緩辦

我不是在生存競爭的跑道，我在自己的時區，每個人都有自己的時區。

→自己若不小心因某些不可抗力的原因遲到，跟對方好好解釋，但不焦慮自責。

→倘若對方遲到也不苛責，隨手帶一本書，利用等人的時間看書。

（2）反向：莫管閒事

這世界上只有三種事：自己的事、別人的事、老天爺的事，我盡量不要過度干涉別人的選擇、別人的人生，專心顧好自己。

（3）反向：放過自己

不要因焦慮把自己的生活填滿，而不去關心自己的健康，因為之後過度勞累導致欠身體的時間，將來都會在醫院看病時歸還給身體。

（4）反向：不評斷他人

《我可能錯了》提到：重要的不是努力思索完美的想法，而是明白看清人事物本來的面貌——或許別人沒有我們想得那麼好，或許別人沒有我們想的那麼壞，他只是做他自己而已。

（5）反向：不論斷自己：

我不是好人、也不是壞人，我是完整的自己，我只要如實面對自己與他人就行。

（四）反慣性（Anti-inertia）

當遇到讓你困擾的事時，就觀察自己：遇到哪些事你的慣性反應與行動是？將會造成什麼結果？如果反著做會怎樣？電影《瑪格麗特戀習曲》、《一級玩家》、《水行俠》都有很棒的例子可供參看。

以我的例子：比方遇到某些人事物，若我過去因害怕衝突而選擇退縮逃避，導致兩人的關係越來越疏遠，下一次就勇敢但帶著愛的頻率當面直說，不帶情緒去表明自己真正的想法，不要怕對方不高興，不溝通才會造成兩人之間的冰牆加深。

另一個例子：以前我熱心過度很愛多管閒事，經常給別人意見，並積極干預別人的人生，現在反慣性則改為「靜觀不動」，別人若有需要求助時，我再量己力幫忙。

例如：如果有人感覺被背叛→要問自己是否也背叛自己：太在乎別人、忽略自己。

（五）對自己誠實（Honest）

若某類人事物總是造成我們重複式的苦惱、煩惱，先問一下自己：

當初為何跟這人在一起，我怕什麼、我要什麼，我圖什麼？
當初為何選擇做這件事，我怕什麼、我要什麼，我圖什麼？
當初為何要買這樣東西，我怕什麼、我要什麼，我圖什麼？

只要我誠實且不逃避地問自己：我現在當下的感覺是什麼？**我怕什麼、我要什麼，我圖什麼？**這三個問句就是悲劇命運的煞車器。

例如：有人會為了感情關係苦惱，她之所以跟這個人在一起，是因為沒有安全感、怕寂寞，結果兩人在一起，她的不安全感讓她不斷向對方追問、查勤，導致對方躲得更遠，讓她更沒安全感、更感到寂寞。

例如：有人借錢去投資結果慘賠，他當初怕沒錢、想要賺快錢、圖這個投資的高利率，結果被有心人士詐騙，反而連本金都沒了，還要還借貸的錢。

例如：有人買了一堆保健品，他怕生病、他要健康、他圖速效，結果不符合他體質的保健品反而造成他生病，還花更多錢、更多時間去看病治病。

例如：有人覺得自己長得不好看就沒人愛，於是花大錢去整型，結果手術失敗導致毀容，不僅把自己搞得比原來更醜、身體注射的那些化學藥劑還造成她的癌症——她怕醜、她要速美、 她圖愛，最後造成反效果。

所以我們要先寫下困擾自己的、認為是他人造成的問題，然後對自己完全誠實（Honest），並探討自己造成這件事的原因是（非自責、但看清自己該拿回來修正的責任）？矛盾點是？真相是？就如同**一念之轉**的四問句：**那是真的嗎？你能肯定那是真的嗎？當你持有那個想法時，你會如何反應？沒有那個想法，你會是怎樣的人呢？**

解鈴還需繫鈴人，記得問題與解方、鎖與鑰匙都在自己身上。

（六）在對錯之外

《我可能錯了》提到：「大多數的人都沒在認真聽對方說什麼，只忙著想下一句要接什麼話才能得到認可。」人跟人之所以吵架、衝突，通常是兩方的木馬雙殺，當我們認知到自己的視角有限，自己因為看不全所以有可能是錯的時候，我們可以不必用「我可能錯了」以免造成自責模組的加深，可以修正成「**在對錯之外，有什麼是我沒看到的**（Unknow）」，這是呼應波斯蘇菲派詩人魯米（Molana Jalaluddin Rumi）所說：在對與錯的觀念之外，還有一大片原野，我會在那裡與你相遇（Out beyond ideas of wrongdoing and rightdoing , there is a field. I'll meet you there.）。

推薦大家看《嘰哩咕與女巫》、《魔法壞女巫》這兩部，電影告訴我們：女巫不是天生就是壞的，有些是她們有我們看不到的苦衷，有些是被另一派人抹黑。當我們不再被刻板印象、偏見、成見蒙蔽雙眼，我們才能看到全局全貌的真相，才有可能趨近於「全知全息版的自己」。平時可以問自己：我最討厭誰、最恨誰、誰對自己最壞……他們有什麼你不知道的苦衷？經常這麼思考，可以練習我們的同理心、不共感但共情慈悲心。

（七）辨認出考題（Core Exam）

如果人生遇到莫名其妙、離奇的事件、劇情，就像我們拿到「雞兔同籠」的考題，現實生活中我們從沒看過雞兔同籠，但考題裡有。一旦我們辨認出這離奇的事件是考題時，先不要以慣性反應捲進劇情中，要問自己：「現在在考什麼？這考題在主修什麼？」只要我們知道現在在考什麼，就知道要以什麼方式作答。

例如：父母偏心、伴侶出軌、不被老闆喜歡，考的是要早點自立自強，只要自己夠強大，就不再需要別人的肯定與愛。

現在可以問自己：此時此刻你最不甘心、感到最不平衡的事是什麼？考題是？該怎麼作答（行動）？

（八）冥想與深度睡眠

切換人生劇本有的時候只要換背景音樂，整個劇本走向就完全不同，就像我們把一部恐怖片的配樂換成了浪漫愛情的音樂，整部電影就變成了愛情文藝片。我有時會放大自然音樂，感覺自己就在海邊或是森林中寫作；有時會放寺院的鐘聲，想像自己在深山裡修行；在睡覺時我會放李斯特安眠曲《Sleep》，想像我在充滿母胎音的宇宙子宮裡安眠，醒來就重生。冥想與深度睡眠是每天切換人生劇本的必要環節。

（九）以各種音樂與書為自己的情緒調頻

當我心情低落、沒有生命動力時，我會用振奮音樂、舞曲，讓身體跟著快節奏重新啟動、讓心情跟著高頻率的音樂振奮起來；當我內心混亂時，就會以寧靜的音樂讓自己安靜下來。所以平時要幫自己備好「音樂庫」做為自己的 CPR ／急救系統，如果還能看相應的心靈書籍就更好了，從認知層面上改變自己才是根本。

我建議大家先選自己有感覺的音樂，你可以網路上搜，或是在群裡彼此分享自己有感覺、有激情、有行動力的調頻音樂。我自己現階段的天命調頻音樂是《阿凡達 2：水之道》的預告片配樂，你們也可以在不同階段找自己的天命調頻音樂，幫自己再多設一個天命音樂調頻師的身分，疊加在你的天命之上，衍生成另一個天職；倘若你對音樂很敏感，很會找音樂，或是你本身就是音樂創作者，就直接以原創音樂來取代現有音樂。

每天早上一起床，可以播放你的天命調頻音樂，開始你的刷牙、洗臉、準備早餐……這天命音樂一定要是你一聽就充滿了喜悅、快樂、活力、興奮，若哪天失去感覺，就再重選就是了。接著，無論你正在做什麼，都先調到天命的視野與頻率，你自然就不會把時間拿去浪費在羨慕、嫉妒、恨別人，或是與人衝突對立的瑣事上；天命以外的負向事情，盡量大事化小、小事化無，把時間全心聚焦在天命上。

（十）聚焦下一個新版本

影集《人生複本》（Dark Matter）裡有個有趣的概念：主角設計「箱體」把自己關進去，就可以選擇進入無限個平行宇宙；每一個要進入的世界，時間、日期、身邊的人都一樣，但在不同的宇宙版本，原本認識的人可能完全不認識你，原本的城市變得有好有壞，主角只要描述幾句他希望去的世界，打開門，依據所寫的內容，箱體會給他一個新的平行宇宙；當主角發現眼前這個世界不是他要的，只需回到箱體，再修改新世界的指令，再打開門，又是一個調整後的新世界，就像在 AI 軟體 MJ 下 Prompt（指令），就會生成新的世界觀。影集《盛禮》、《重啟人生》、電影《如果可以再死一次》、《靈魂候選人》都有類似的故事架構。

我們人生隨時都可以重新開始，只要換一個起心動念，就進到不同的世界態；如果現在深陷於負面情緒或劇情之中，最快脫困的方法就是**直接聚焦在下一個新版本**，例如：把當前的個人悲劇升維到「藝術創造版」的層次，就如同電影《聽見心嘻望》，教嘻哈的老師帶著出身貧困且被父母打壓的孩子們，把心裡的憤怒以嘻哈的方式創作出來，也如同《世代創傷到我為止》這本書，將悲劇升維到「榮耀天命版」，與其抱怨現況，還不如聚焦在下一個版本，高維重啟自己的第二人生。

我自己的方式就是直接把「現在」視為是下輩子、而且是最後一世、最終極版本的一世，隨時調整成《我可能錯了》的境界：**我跟自己達成新的協議，成為可以與自己更自在相處的人，更欣然做自己的人，不被自己雜念或情緒支配左右的人，成為自己最好的朋友，活出自己想在這世界看到的樣**

子——當我們被負面情緒漩渦捲入，要麼就徹底臣服，省下自己內耗的精力，要麼就聚焦下一個新版本，以省下越攪越亂的時間。

（十一）旅行

美國文學作家馬克吐溫說：「二十年後，會令你失望的，不是做過的事，而是你沒做過的事。」之前在「環球旅行版自己」提到旅行對於升維與改造自己的重要，我自己則在35／36歲、53／54歲人生低谷期時密集飛出國去旅行，以全世界的養分為我創傷累累的靈魂打上高單位的營養點滴，旅行回來後還能以遊記、經驗分享來創造新的收益，就像賈伯斯在印度神廟收到創立蘋果電腦的靈感、Facebook馬克·祖克柏則在同一個地方收到企業轉型的啟示、建築師安藤忠雄旅行到希臘等地以素描的方式蒐集靈感……人生再大的關卡都會在旅途中解開，每一趟旅行既是淨化、重啟，也是重建。所以解開繩索，從現有的港灣出發，乘風而行，去探索、去夢想、去發現另一個版本的自己吧！

（十二）跳脫框架來思考

很多時候當局者迷，自己看似無法脫困的僵局，其實換個角度就有了新的時空出口、新的解方。所以我們要經常跳出框架思考，最快的方式就是可以問沒有這個問題的人，如果這問題交給他，他會怎麼瞬間破解。

平常也需透過閱讀與自己領域不同的書、有想像力導演的電影，如《天能》的導演克里斯多福．諾蘭（Christopher Nolan）、《媽的多重宇宙》導演關家永（Daniel Kwan）、丹尼爾．舒奈特（Daniel Scheinert）或影片來協助自己腦筋急轉彎，當我們的心腦越自由、我們的人生就越開闊。

第四篇

多維人生創造課・成果結業式

天命是頻率，與大小規模無關。如果你已經知道你的天命是什麼，現在就去做，直接鎖定你想完成、而且是你可完成的最大目標去計畫與行動，心中要有那個具有影響力的願景在心中，成為你帶光的 GPS 導航系統。

當我們成功建立新版人生的多重宇宙立體矩陣，同時全方位啟動更有想像力的創意腦，我們就能隨時即視「全息、完整、廣大的自己」的多維版圖。透過十四堂多維人生創造課，以及十二種切換人生劇本方法高速進化。當我們每完成某一身分的終極目標後，就可以將那個身分畫成一顆星 / 星系 / 星雲，畫進〈多維藍圖手帳〉最後一頁〈全知全息版自己．完成星空圖〉，這也是你自體宇宙大爆炸後的星空全息圖。從此你就能以豐盛多維的身分「陣」，取代單一身分證的命運版圖。

不管你目前進展到什麼階段，只要你在天命頻率上，前景只會越來越清晰，不會退轉，只有停與進兩種。停的時候不要焦慮、擔憂、茫然，可以選一首調頻音樂，然後把這《多維人生》隨你的需要自己選來看，因為這本書是多層次的，你在不同階段都可以吸收到不同層面的所需養分。如果我來比喻，就相當於我已經把你所需要的都放進巨大的聚寶盆地裡，只要你跟著課循序往上，就像是你爬山爬到一百公尺、兩百公尺、五百公尺所見的廣度都不一樣——這本書至少可以看到你們五十四歲，就是到我現在的年齡都是足夠的，許多除障破關的解方都在裡面，希望你隨時來找解方來解鎖。

記得隨時重啟每一堂課，一方面是加強比較薄弱的自信意志環節，或者我們可以說是強化意志肌肉，另一方面會看到跟上次閱讀時不一樣之處，表示你已經突破盲點，終於看到上次因木馬被屏蔽掉的內容，特別是目前還有不自信木馬、還在茫然的同學，請隨時重溫課程直到你開始行動。記得每一次重啟都要做天命筆記，隔天起床就快速複習，讓今天到達最高視野，開啟你全新版本的一天。

量子是一種維度觀，天命是一種頻率，在與大家共好的量子天命頻率之下，與地球同時更新**最高命運的程式碼**。只要我們恢復為神聖的原廠設定，就能啟動本自俱足的愛、自信、智慧、勇氣、興奮、豐盛、創造力，毫不費力地升維到神聖光明、榮耀天命、全知全息、時空旅人、智慧修行、先知預言的境界。

非常謝謝大家參與了《多維人生》，最後真心希望一年後的你、三年後的你、七年後的你、數十年後的你，把每一天活出最大的創意與自由，將來的你會感謝現在全程上完課且實踐成功的你，活出「**任何人拿任何條件、要跟你交換人生你都不願意**」的大圓滿狀態！

李欣頻

政大新聞研究所碩士、北京大學新聞與傳播學院博士，曾任教於北京大學新聞與傳播學院，擔任《廣告策劃與創意》課程講師，並曾於北京中醫藥大學修習半年。

有著作家詩人的孤僻性格＋修行者洞察深處的眼睛＋旅行者停不下來的身體＋廣告人的纖細敏感與美學癖＋知識佈道家想要世界更好的狂熱＋教育者捨我其誰的使命感。

曾任廣告公司文案、誠品書店特約文案。宏碁數位藝術中心特約文案創意。

廣告作品

中興百貨、遠東百貨、誠品書店、誠品商場、宏碁數位藝術中心、富邦藝術基金會、台新銀行玫瑰卡、臺北藝術節、鶯歌陶瓷博物館、統一企業集團形象廣告、飲冰室茶集、雅虎奇摩網路劇、公共電視形象廣告案……等。

專欄

曾為聯合報、廣告雜誌、香港 ZIP 雜誌、皇冠雜誌、TVBS 週刊、ELLE 雜誌、MEN'S UNO 雜誌、費加洛雜誌……等之專欄作家。

任教資歷

台灣科技大學、中原大學、臺北大學、成功大學、學學文創、誠品信義講堂、北京大學新聞與傳播學院。

太平洋 SOGO、新光三越、AVEDA、聯電、旺宏電子、德州儀器、統一企業、宏碁、NOVA、康健雜誌、南山人壽、富邦講堂、誠品書店、數位學院、幼獅文藝寫作班、公民美學講座、摩根富林明、十大傑出青年基金會、動腦講座、中國生產力中心、數位時代創意實踐講堂、北美館（台灣生活創意座談：誰來寫台灣設計品牌）、當代藝術館、臺北電影節、芝普、國貿學院經管策略管理將帥班……以及數十所大專院校之邀，擔任廣告、創意、創作、出版課程之講師。

評審資歷

曾任全球最大學生創意競賽金犢獎決選評審、FRF「時尚拒絕皮草」藝術設計大獎決選評審、2009 臺北電影獎媒體推薦獎評審、連續五屆台灣廣告流行語金句獎評審、2009 年臺北電影節媒體推薦獎評審、誠品文案獎評審、南瀛獎動畫類評審、董氏基金會大學築夢計畫決選評審、中國時報文彩青年版指導作家、TWNIC 第五屆網頁設計大賽決選評審委員、「創意與創業全國」座談會與談人、金鐘獎評審委員。

廣告代言

SKII、香奈兒彩妝、PUMA 旅行箱、Levi's 牛仔褲、NIKE、Aêsop 馬拉喀什香水、OLAY、三星手機等。並獲選為 2008 年度 Intel 迅馳風尚大使。

個人資歷

散文作品被收錄於〈中華現代文學大系〉散文卷。文案作品被選入《台灣當代女性文選》。

2009 年金石堂書展選為不可錯過的八位作家之一。2010 年統一企業主辦網路票選年輕人心目中最喜歡的十大作家之一。

2004 年數位時代雜誌選為台灣百大創意人之一。天下遠見文化事業群之 2006 年《30 雜誌》選為創意達人之一。2009 年入選年度時尚人物創意家。入圍 2013 年作家富豪榜，同年獲得 COSMO 年度女性夢想大獎、講義雜誌年度最佳旅遊作家獎。受邀至 2019 世界閱讀者大會、2019 跨界未來座談會、2019 能量與心靈醫學研討會專題演講。

目前已經旅行包括全歐洲、東北非、杜拜、阿布達比、印度、東南亞、東北亞、南極、北美洲、南美洲、不丹……等六十多國。

李欣頻作品

◆ 廣告文案

李欣頻的廣告四庫全書：

《廣告副作用（藝文篇）》

《廣告副作用（商業篇）》

《廣告拜物教》

《虛擬國境》

《李欣頻的寫作之道》

◆ 創意教育

李欣頻的創意天龍 8 部：

《十四堂人生創意課 1：如何畫一張自己的生命藍圖》

《十四堂人生創意課 2：創意→創造→創世》

《十四堂人生創意課 3：五十個問答＋筆記本圓夢學》

《私房創意能源庫：五十項私房創意包．五十樣變身變腦法》

《旅行創意學：十個最具創意的「旅行力」》

《人生變局創意學：世界變法，你的百日維新》

《十堂量子創意課：十個改變命運的方法》

《打造創意版的自己：創意腦與創意人格培養手冊》

◆ 旅行寫作

李欣頻的環球旅行箱：

《創意啟蒙之旅》、《心靈蛻變之旅》、《奢華圓夢之旅》

◆ 愛情時尚

李欣頻的時尚感官三部曲：

《情慾料理》、《食物戀》、《戀物百科全書》

李欣頻的都會愛情三部曲：

《愛情教練場》、《戀愛詔書》、《愛欲修道院》

◆ 心靈成長

李欣頻的覺醒系列：

《心誠事享》（《為何心想事不成》2018 年修訂版）

《愛情覺醒地圖》、《人類木馬程式》

（以上三本在博客來暢銷總榜高踞前三名）

《人類大疫考》（博客來預售榜、暢銷總榜第一名）

《原生家庭木馬快篩》

◆ 創意曆法

《馬曆連夢錄》、《正能曆》、《萬有引曆》、《我｜鏡》曆、《星能曆》、《無限曆》、《預言曆》、《超能曆》、《種子曆》、《多維藍圖曆》、《超龍曆》、《創富曆》

◆ 李欣頻的音樂導引專輯

《音樂欣頻率》（風潮唱片）、《音樂超頻率》

◆ 桌遊

人類木馬程式桌遊

https://p.ecpay.com.tw/291A56F

李欣頻 Facebook 粉絲專頁：

http://www.facebook.com/leewriter0811

李欣頻 Line ID 搜尋：

@happychannel 或 欣頻道

李欣頻助理信箱：

m13811465077@163.com

（個人天賦藍圖、解除木馬程式諮詢預約郵箱、工作連絡）

微信公眾號：

請搜「欣频创意实验室」（欣頻創意實驗室）

國家圖書館出版品預行編目資料

多維人生：從單一身分證擴充到多維身分陣 / 李欣頻著--初版.--臺北市：平安文化, 2025.05
224面；21×14.8公分. --(平安叢書；第845種)
(UPWARD；177)
ISBN 978-626-7650-37-0(平裝)

1.CST: 自我實現 2.CST: 生活指導

177.2 114004612

平安叢書第0845種
UPWARD 177
多維人生
從單一身分證擴充到多維身分陣

作　　者—李欣頻
發 行 人—平　雲
出版發行—平安文化有限公司
台北市敦化北路120巷50號
電話◎02-27168888
郵撥帳號◎18420815號
皇冠出版社（香港）有限公司
香港銅鑼灣道180號百樂商業中心
19字樓1903室
電話◎2529-1778　傳真◎2527-0904
總 編 輯—許婷婷
副總編輯—平　靜
責任主編—蔡承歡
責任編輯—林鈺芩
行銷企畫—鄭雅方
美術設計—任佑騰、單　宇
著作完成日期—2025年1月
初版一刷日期—2025年5月
法律顧問—王惠光律師

讀者服務傳真專線◎02-27150507
電腦編號◎425177
ISBN◎978-626-7650-37-0
Printed in Taiwan
本書定價◎新台幣480元/港幣160元